Si les vrais coûts m'étaient comptés

Hortense Michaud-Lalanne

Si les vrais coûts m'étaient comptés

Essai sur l'énergivoracité

Maquette de la couverture et mise en page : Nicolas Calvé
Illustration de la couverture : Pierre Faucher

C.P. 32 052, succ. Les Atriums
Montréal (Québec)
H2L 4Y5

Dépôt légal :
2e trimestre 1993

ISBN 2-921561-01-8

Données de catalogage avant publication (Canada)

Michaud-Lalanne, Hortense, 1941-
Si les vrais coûts m'étaient comptés : essai sur l'énergivoracité
ISBN 2-921561-01-8

1. Énergie - Développement - Aspect de l'environnement. 2. Énergie - Consommation - Aspect de l'environnement. 3. Économies d'énergie. 4. Politique énergétique - Aspect de l'environnement. I. Titre.

TD195.E49M52 1993 333.79'15 C93-096478-0

Table des matières

Remerciements

À Colette Chabot, sans qui cet essai ne serait pas ce qu'il est, je tiens à exprimer ma gratitude la plus profonde.

À Adèle, Éric et Marc

Avant-propos

PARMI LES 1500 participants, Akiko Domoto était de loin la personne la plus influente, mais je n'en savais rien quand j'ai abordé son petit groupe. C'était pendant le cocktail d'ouverture d'un congrès préparatoire à Rio, tenu en novembre 1991 à Miami.

À la voir assise dans l'escalier, s'entretenant avec quatre jeunes, qui aurait soupçonné qu'elle siégeait aux comités du budget et de l'environnement de la Diète japonaise ? Qu'elle représentait le Japon à *GLOBE International,* ce prestigieux forum où s'activait Albert Gore ? Qu'elle en présidait le comité sur la biodiversité et que les législateurs américains et européens férus de problèmes globaux enviaient l'importance de son rôle ?

Sa longue et brillante carrière de journaliste à la télé japonaise a admirablement préparé Mme Domoto à la politique active. Très préoccupée de problèmes sociaux, elle n'est pas plus tendre pour la science et la technologie que les jeunes délégués de Greenpeace, section japonaise, qui l'entouraient ce soir-là.

Pour ma part, je suis au contraire convaincue que la gestion de l'ère nucléaire nous condamne à plus de science. Que la crise de l'environnement réclame elle aussi un accroissement rapide de notre culture scientifique. Je prétends également que nous devrons sous peu consacrer des efforts gigantesques pour réaliser en catastrophe une refonte complète de toute la technologie.

Dans ces conditions, on aurait pu s'attendre à un dialogue de sourds, sinon à un affrontement. Eh bien non ! En moins de dix minutes, nous étions sur la même longueur d'onde, Mme Domoto et moi.

Comment cela a-t-il pu arriver ? Tout simplement, parce que j'ai abordé le problème par le biais de l'alimentation et de la diététique... Elle savait déjà, aussi bien que vous et moi, l'importance, pour les gens qui se débattent avec des problèmes de nutrition, d'un diagnostic basé sur les principes de biochimie. Elle reconnaissait sans peine la vertu des chiffres pour évaluer les déséquilibres, pour doser le remède et pour mesurer le retour à la santé. Pas de n'importe quels chiffres, évidemment.

Quand il s'agit de choisir le moins engraissant de deux repas, savoir que le premier coûte 10 $ et l'autre 15 $ n'est d'aucun secours. Pour prendre la bonne décision, il faut d'autres chiffres décrivant une caractéristique physique inexprimable en dollars, la teneur en calories des aliments.

De la même façon, les maux qui menacent la Terre sont physiques et mesurables, mais pas en dollars ! Il faut donc faire apparaître au menu de toutes nos décisions, en plus de leur prix en dollars, un nombre mesurant leur impact physique et qui tienne compte des connaissances scientifiques. Quand les experts auront fourni cela aux consommateurs, un véritable plan démocratique contre la pollution pourra être ébauché. Entre-temps, c'est le règne des aveugles et des sourds !

Ceux qui sont convaincus du besoin qu'ont les individus de se prendre en mains se demandent encore, trente ans après les cris d'alarme de Rachel Carson, si on y arrivera jamais. Je leur dis oui, c'est possible, à condition de rejeter la confusion causée par la multiplication actuelle des chapelles et des jargons. À condition d'exiger que les experts s'attellent à compiler les renseignements élémentaires, crédibles et pratiques, capables d'éclairer les gens et de les responsabiliser, d'un bout à l'autre de la planète.

Ni plus, ni moins.

Introduction

UNE VASTE CONSULTATION appelée *Confluence énergétique* (*Energy Options*) fut lancée à la grandeur du Canada pour sonder l'avenir énergétique du pays, à la fin des années 80. Quand on m'invita à en faire partie, je n'ai pas pu refuser. C'était avant la guerre du Golfe, l'échouage de la Grande-Baleine et l'explosion qui a tué 26 mineurs de charbon au Cap Breton, mais je savais que l'affaire serait du plus grand intérêt. Après tout, j'avais toujours eu un rapport privilégié avec l'énergie... Ainsi, à mon examen de Plomberie, chauffage, ventilation, à l'École polytechnique, 20 ans plus tôt, un prof magnanime m'avait accordé 100 %. En outre, j'étais la mère du plus gros four de forge au Canada et j'avais pendant des années représenté les associations de consommateurs aux travaux qui avaient permis le programme d'étiquetage *Energuide.*

À notre première séance, je ne fus pas surprise de me retrouver aux côtés de financiers, d'autochtones, de comptables, d'écologistes, d'économistes, d'ingénieurs, de présidents de compagnie et de syndicalistes. Ensemble, et à l'aide de diverses consultations, nous avons cherché à poser un diagnostic sur la question de l'énergie.

À la fin de cette réflexion, qui a duré un an, je me suis prise à souhaiter la présence de diététistes ou, à défaut, d'animatrices de *Weight Watchers* au sein du comité. Voici pourquoi.

Un examen rapide des tendances révèle que notre comportement envers l'énergie est le prolongement direct des comportements que nous adoptons face à nos besoins les plus élémentaires. Or, l'énergie, ça se compte en calories. Un kilowatt-heure équivaut à peu près à 1000 Calories alimentaires (qu'on écrit avec un C parce qu'elles sont en réalité des kilocalories).

À la lueur de ce que j'ai pu observer et décortiquer, le diagnostic qui décrit le mieux le rapport que la civilisation actuelle entretient avec l'énergie m'apparaît dorénavant limpide. Il tient en un seul mot : *boulimie.*

Cette constatation peut être interprétée à la fois comme une mauvaise et une bonne nouvelle. La boulimie fait souffrir ses victimes. Elle en a tué plusieurs moralement avant de les achever physiquement. C'est la mauvaise nouvelle.

D'autre part, la compréhension de la boulimie et l'application des thérapies ou mesures correctives qu'on peut faire intervenir avant qu'il ne soit trop tard ont fait récemment des pas de géant. Le public, même celui qu'on dit non averti, comprend assez bien l'allure générale du problème et distingue plus volontiers qu'avant entre les solutions plausibles et les cures farfelues. Tous les charlatans n'ont pas encore fait faillite, mais il y a progrès. C'est la bonne nouvelle.

Voilà donc comment je me suis sentie incitée à rédiger le présent ouvrage, à l'intention du plus grand nombre, sachant que l'analogie alimentaire permettra à un maximum de personnes de se sentir rapidement à l'aise avec le dossier de l'énergie. Je sais par expérience que leur jugement est plus précieux et plus sûr que celui des spécialistes myopes qui abondent dans ce domaine.

J'invite donc ici les lecteurs et les lectrices à s'interroger sur ce qui me semble le nœud de toute la question : À quel moment et pourquoi un individu ou une société franchissent-ils le seuil d'un appétit sain et raisonnable, pour déboucher sur le danger de mort que constitue l'insatiabilité ?

L'énergie, comme les calories, quand il y en a trop, non seulement ce n'est pas beau, mais ça peut être suicidaire ! Une fois qu'on en aura pris conscience, on pourra ensemble aborder la recherche de solutions. Espérons que personne ne s'étonnera de découvrir que le dernier chapitre sera surtout consacré à la définition d'un régime approprié, vu la nature des maux identifiés.

L'énergie, ça ne peut pas être uniquement des abris fiscaux et des projets de développement régional. L'énergie, c'est d'abord et avant tout la lumière, la chaleur et la Vie ! Et c'est par là que nous allons commencer...

CHAPITRE PREMIER

Objectif immortalité

ON N'ÉCHAPPE PAS à l'énergie, cette propriété passe-partout, omniprésente et fluctuante. Tout l'univers s'explique par la matière et son énergie. Leçon fondamentale, mais trop souvent absente de notre univers mental et des tentatives d'explication du monde dont il déborde.

Notre esprit déborde également de projets où nous nous appliquons à changer le monde, avec toute l'énergie dont nous sommes capables.

Pour le meilleur et pour le pire, changer le monde. Il y a longtemps qu'on en rêve. Il n'y a, somme toute, pas si longtemps qu'on peut s'y risquer autrement qu'en imagination. Pendant des millions d'années, une fois comblés ses besoins vitaux, l'humanité ne disposait d'à peu près aucun surplus d'énergie et ses rêves restaient forcément à l'état de projets. Plus maintenant.

La plus grosse des fusées qui emportent des humains vers l'espace s'appelle justement *Energyia* — énergie en russe — et son existence suffit à nous rappeler combien nombreux sont ceux qui n'hésitent pas à payer un prix exorbitant pour forcer la réalité à se conformer à leurs rêves.

À quel motif, à quelle pulsion pouvons-nous raccrocher cette ambition que nous portons au plus profond de nous-mêmes ? À quel jeu jouons-nous, et qui nous l'a appris ?

Laisser sa trace... C'est le nom qu'on lui donne. Avant de mourir, s'acharner de toutes ses forces à bâtir un monde à son image et à sa ressemblance. C'est le jeu de la Vie, quand elle s'active à se reproduire. Un jeu perpétuel et fascinant, auquel s'adonnent toutes les espèces vivantes, sans exception.

Une recette à deux étages

Chaque espèce est programmée pour tromper la mort et la neutraliser, en faisant appel à la capacité de reproduction que possèdent ses membres. De la sorte, au lieu de s'éteindre, l'être vivant se perpétue par ses gènes, à travers ses descendants. C'est la façon normale que lui offre la Vie d'imprimer sa trace et d'accéder à l'immortalité.

Dans le monde des vivants tel que nous pouvons l'observer, sur cette mince pellicule qu'on appelle la biosphère, à chaque instant une multitude de joueurs peuvent saisir la chance qui leur est offerte de façonner, à leur image et à leur ressemblance — littéralement, grâce à l'hérédité — une partie des générations et des événements à venir.

Pour ce qui est de tenir *mordicus* à laisser leur trace, les humains battent tous les records. Ils y tiennent tellement, à ces traces, qu'à force de tenter de se les garantir, ils ont réussi à mettre au point une recette supplémentaire et exclusive pour y parvenir. Le monde de la vie charnelle et de la reproduction ne leur inspire qu'une confiance mitigée. Il leur apparaît, à juste titre, mouvant et difficile à contrôler. Peut-être trop féminin, aux yeux de certains...

Trop fantaisiste, en tout cas, pour les sécuriser autant qu'ils le désirent.

Les humains ont donc décidé de miser sur deux tableaux : au pari de la procréation, ils ont résolu d'ajouter celui de la création. C'est ce qui nous distingue des autres vivants qui, eux, n'auraient jamais le culot d'en mener si large en ce bas monde !

Les effets mesurables, ou à quoi tient la civilisation

Nous sommes les seuls, semble-t-il, à ne pas vouloir accepter certaines limites, lorsque nous tentons désespérément de refaire le monde à notre image et à notre ressemblance. Tout ça à cause de l'importance capitale que nous accordons à nos visions. Des visions qui débouchent immanquablement sur des œuvres, *nos* œuvres. Lesquelles ont depuis longtemps cessé d'être de simples œuvres de chair. Nos œuvres que nous semons derrière nous, comme le petit Poucet semait ses cailloux dans la forêt.

Laisser notre trace... Chaque époque engendre des vestiges qui lui sont propres.

À l'âge de pierre, c'est-à-dire pendant une période qui s'est étendue sur plus de deux millions d'années, les humains ont laissé dans leur sillage des témoignages matériels qu'on peut à la fois qualifier de riches et de pauvres : riches en enseignement et pauvres en encombrement. Cela se résume, en gros, à des cailloux éclatés, des pointes de flèche en obsidienne, des pierres taillées, des os gravés et affutés, des aiguilles à coudre, des coquillages travaillés, diverses poteries, quelques murailles et certaines œuvres d'art à vous couper le souffle ! L'humanité du temps a laissé sa trace, mais poliment, comme si elle avançait sur la pointe des pieds.

Ces manières timorées ont été passablement ébranlées dès l'âge de bronze, il y a 5000 ans, et plus encore à l'âge de fer. À l'ère des satellites, suivre à la piste l'humanité des époques postérieures à l'âge de pierre est presque devenu un jeu d'enfant. En effet, les cicatrices infligées par l'homme à la Terre, une fois qu'il a su s'équiper de métal, sont devenues plus visibles, plus nombreuses et plus durables. Le petit Poucet s'est civilisé. Délaissant les cailloux, il s'est mis à laisser traîner des objets de métal pour mieux creuser son empreinte. La liste de ses traces n'a pas fini d'être dressée : bijoux, objets de luxe, outils, ustensiles, sans oublier les armes et les armures, qu'on ne finit plus d'exhumer. La plupart ont été refondus à travers les âges, car il n'y a pas plus recyclable que les métaux, et pourtant, les musées en conservent d'imposantes collections.

La magie de l'énergie

Quelle bonne fée le petit Poucet a-t-il donc rencontrée ? D'où lui viennent cette soudaine richesse et sa puissance matérielle ? Il y a là une énigme qu'il vaut la peine d'élucider.

La baguette magique d'un personnage extra-terrestre a-t-elle quelque chose à voir là-dedans ? Comment certains humains ont-ils appris à recueillir et à broyer des roches en apparence insignifiantes, qu'on appelle minerai, et comment sont-ils parvenus à en tirer l'argent, le cuivre, l'étain, le fer, tous ces métaux fabuleux que s'arrachent les prêtres et les rois, pour équiper leurs temples, leurs palais, leurs tombes, leurs charrues et, bien sûr, leurs armées ? Comment, de ces poudres sans valeur, réussit-on à faire jaillir des trésors inestimables ? Il faut qu'il y ait une explication...

Magie pure, laissaient entendre les forgerons et les

métallurgistes de l'Antiquité et du Moyen Âge, qui tenaient à leur réputation de sorciers ayant pactisé avec l'enfer. Mi-diables, mi-héros, ils ont multiplié les sociétés secrètes pour préserver leurs recettes magiques et épater les crédules qui ne demandaient pas mieux que de croire aux miracles.

Ils n'avaient pas tout à fait tort, remarquez. C'est vrai qu'il faut ajouter quelque chose de magique, ou presque, au minerai, pour en tirer du métal. Cet ingrédient, qui n'en est pas un, se nomme tout bonnement énergie.

Nos ancêtres sont passés de l'âge de pierre à celui du bronze, puis à celui du fer, en faisant appel à la chance (sans laquelle les découvertes arrivent rarement), et à la persévérance, ces deux facteurs qu'Edison, qui s'y connaissait en recherche et développement, préférait appeler inspiration et transpiration. Sans oublier l'énergie. En effet, outre la chance et la persévérance, ils ont également dû compter sur des quantités de plus en plus considérables d'énergie qu'ils ont obtenue à partir du charbon de bois.

Aussi surprenant que cela puisse paraître aujourd'hui, pendant plus de 4000 ans, c'est-à-dire jusqu'au XIXe siècle, le charbon de bois est resté la source majeure où l'humanité a puisé son énergie pour soutenir son activité industrielle et les différents types de civilisation qui en dépendaient.

Nous sommes sortis de l'âge de pierre quand les potiers, déjà habiles à faire cuire leur production dans des fours alimentés au bois, ont poussé d'un cran la dépense énergétique. Ils sont devenus métallurgistes et fondeurs, petit à petit, à travers les siècles, en découvrant comment mélanger minerai et charbon de bois, tout en développant des soufflets qui allaient contribuer à hausser la température. On peut dire que la maîtrise du cuivre et, éventuellement, de ses alliages tel le bronze, est devenue fait accompli lorsque les fours ont atteint la zone des 1100 °C.

L'escalade se poursuit

Parce que le minerai de fer est plus abondant que celui de cuivre et surtout parce que les armes et les outils qu'on en tire sont plus résistants, le fer et l'acier ont fini par supplanter le bronze. Pour que la transition s'organise, il a fallu prendre le temps de mettre au point des procédés encore plus énergivores, car ces nouveaux métaux exigent des températures de 1650 °C et plus. Encore une fois, la clé du changement technologique et de ses retombées fut l'énergie.

Du métal plus résistant, cela signifie l'avantage sur le champ de bataille, c'est aussi la promesse d'un plus grand nombre d'arbres abattus dans sa journée par le bûcheron, c'est une charrue qui fournit plus de sillons, ce sont des attelages perfectionnés, des roues qui s'usent moins vite, des charpentiers et des maçons dont la capacité de production se trouve soudain multipliée par des outils plus performants. Quand on passe en revue toutes les retombées, on constate sans mal que de nouveau les traces de l'humanité s'élargissent et s'amplifient, parce qu'elle s'est approprié encore davantage d'énergie !

Tant que l'énergie à notre disposition demeure plutôt rare et limitée, nous en tirons bien peu de réalisations matérielles susceptibles de modifier le monde physique où nous évoluons. Nos rêves restent alors des rêves qui continuent de se traduire par une surabondance de souhaits et de velléités.

Quand la quantité d'énergie augmente, par contre, l'effet ne tarde pas à se faire sentir : plus elle dispose d'énergie, plus une communauté donnée va posséder les moyens de traduire concrètement, dans des œuvres tangibles, sa vision du monde et sa volonté d'y laisser une marque indélébile.

Même lorsque la volonté consciente ne semble pas entrer en jeu, le simple fait de consommer de l'énergie va laisser des traces à notre image et à notre ressemblance. On peut dire que l'énergie que nous détournons à nos fins va marquer d'une façon mesurable notre passage dans l'univers.

Décollage à la verticale

Le petit Poucet, chaussé des bottes de l'Ogre, n'en a pas moins poursuivi son chemin. Depuis un siècle environ, il est littéralement sorti du bois. Les arbres ne suffisant plus à satisfaire sa soif d'énergie, il s'est mis à exiger, en plus du bois, du charbon, du pétrole, du gaz, des barrages et du nucléaire, pour continuer de répandre dans tous les azimuts des preuves qu'il est bien passé par là...

Aujourd'hui, chaque homme, femme et enfant de l'Amérique du Nord dépense en énergie, pour son train de vie, environ 100 fois la ration quotidienne de nos ancêtres du genre *Homo habilis,* ceux qui ont commencé à semer des cailloux en Afrique, en Europe et en Asie sans trop ravager la planète, faute de moyens bien plus que faute d'ambition, selon toute vraisemblance.

C'est dire qu'il nous faut plus d'énergie qu'il n'en fallait à un Égyptien du temps de Ramsès, à un Grec du temps d'Alexandre, à un Romain du temps de César, à un Chinois du temps des Qin, à un Européen de l'époque des cathédrales et à un Anglais du temps de la reine Victoria, pris tous ensemble ! Cette énergie accrue nous confère incontestablement un formidable pouvoir de provoquer des changements dans le milieu physique qui nous entoure. Ce milieu où, rappelons-le, le changement s'achète avec de l'énergie.

Avec ces changements qui s'accumulent, c'est ni plus ni moins qu'une nouvelle civilisation qui tente d'émerger. Peut-on savoir alors de quels objets inusités les musées de demain vont un jour hériter pour tenter d'expliquer notre époque à leurs visiteurs ? En d'autres termes, de quelles traces, à notre image et à notre ressemblance, sommes-nous en train d'accoucher, à l'aide de toute cette énergie ?

À la vitesse où nous allons, sommes-nous sûrs d'avoir mis le cap sur une destination vivable ? Nageons-nous en plein succès ou se pourrait-il que nous ayons débouché sur des excès pour lesquels des correctifs devraient être mis en place au plus tôt, de peur que la civilisation du troisième millénaire ne s'étouffe avant même de naître ?

Les questions de civilisation concernent tout le monde

Pour aider le plus grand nombre possible d'esprits curieux à se pencher sur ces questions, je me suis permis de faire appel aux personnages de Schéhérazade et du Génie de la Lampe, ainsi qu'à un style décontracté, de manière à ne pas rebuter ceux qui croiraient, bien à tort, que l'énergie ne concerne que les spécialistes.

Une fois terminé l'intermède des Mille et Une Nuits, nous verrons comment la réconciliation entre l'économie et l'écologie passe par l'énergie et comment la plupart des gens en savent plus long qu'ils ne l'imaginent sur les principes et les solutions dont nous aurons besoin pour la suite du monde.

CHAPITRE 2
La civilisation du tout-à-l'égout

Les Mille et Une Nuits — allegro furioso : Le puissant Sultan

IL ÉTAIT UNE FOIS, dans un pays lointain, un puissant Sultan qui, chaque matin, faisait trancher par son bourreau le cou de la femme qu'il avait possédée pendant la nuit. En agissant de la sorte, le puissant Sultan s'assurait une vie pleine de variété et exempte de bien des soucis : **Saluons en lui le père de notre présente civilisation, celle des objets à jeter après usage.**

Ça vous choque ? J'entends d'ici les protestations : « Il n'y a aucun rapport entre ce monstre et nous ! »

Bon, d'accord, le Sultan est une caricature. Mais j'aime autant que vous le sachiez tout de suite, la vie pleine de variété et exempte de bien des soucis, cela nous ressemble tellement qu'il faut que nous prenions la peine d'examiner de plus près l'histoire du Sultan.

D'après la version des *Mille et Une Nuits* que j'ai consultée, le Sultan n'était pas méchant homme de naissance : c'est à la suite d'une peine d'amour qu'il a voulu se protéger contre la possibilité de souffrir encore.

Certains diront qu'il aurait pu rester chaste et supprimer le besoin, mais c'est une solution qu'il n'a pas supportée longtemps. Le besoin étant tenace et la peur de souffrir n'étant pas disparue, le Sultan se mit donc en tête de régler son problème d'une manière radicale. Une nouvelle compagne par nuit, voilà un désir qu'il entreprit de poursuivre et de combler, sachant qu'en prime cela agirait comme un baume sur son ego traumatisé.

Rien de très original à miser sur des succès faciles pour rebâtir une confiance en soi chancelante, tout en écartant temporairement la tentation de s'attacher. Par ailleurs, quand on est sultan, il est tellement facile d'avoir du succès qu'on en vient parfois à s'inventer des peurs pour le plaisir de convoiter l'inaccessible. Une vie sans aucune contrainte ni embarras, par exemple.

Tout d'un coup... Les compagnes d'une nuit allaient-elles manquer de respect envers le monarque, parler de lui dans son dos, le tourner en ridicule, lui créer des ennuis ? Pire encore, en changeant de compagne quotidiennement, notre bon Sultan risquait de procréer une vingtaine de fois par année, ce qui finirait par lui compliquer l'existence, à coup sûr.

Rendu là, pas d'hésitation : le bourreau et qu'on n'en parle plus !

BESOIN — DÉSIR — SUCCÈS, et faute de frein convenable, vu les circonstances, — EXCÈS, c'est comme ça que ça se passe, et que celui ou celle qui n'a jamais abusé de son pouvoir lui lance la première pierre !

Notre exemple du bon Sultan qui a mal tourné ne se termine pas là, comme chacun sait. BESOIN — DÉSIR — SUCCÈS — EXCÈS, c'est trop banal pour faire un conte de fées respectable. On a beau être sultan, jeter une femme par jour à la poubelle, c'est un excès qui appelle à coup sûr des correctifs. Or il existe trois niveaux de correctifs que nous allons rapidement passer en revue ici, histoire d'aider notre anti-héros à se tirer de la fâcheuse posture où il se cantonne.

Premier niveau — Les correctifs personnels

Les principes et les tabous sont censés empêcher un individu de faire ce que le Sultan se permet. Hélas, ils sont inopérants dans le cas qui nous préoccupe parce qu'un sultan a droit de vie et de mort sur ses sujets. De par sa naissance, il prétend posséder le privilège d'écarter, à n'importe quel prix, les complications qui pourraient l'irriter.

Puisque ce n'est pas la morale ni le respect des autres qui va le remettre dans le droit chemin, son propre bien-être, alors, pourrait-il éventuellement inciter le Sultan à freiner ses excès ? Et pourquoi pas, après tout ?

Ainsi, s'il n'avait ni domestique, ni bourreau, ni fossoyeur à sa disposition, on peut supposer que l'effort physique qu'il devrait déployer chaque matin pour exécuter, enterrer, laver les dégâts et tout remettre en place avant l'arrivée de la prochaine invitée, cet effort physique, donc, finirait par avoir raison de son bel enthousiasme. Graduellement, il en viendrait à espacer ses prouesses et les victimes seraient de moins en moins nombreuses. Maigre consolation, me direz-vous. Mais en attendant une meilleure solution, ça ferait au moins ça de pris.

Évidemment, ce second correctif personnel ne peut pas jouer plus que le premier : les sultans, c'est bien connu, délèguent les sales besognes aux autres et se retrouvent donc à l'abri de l'épuisement qui les assagirait et modérerait leurs transports.

Avant de quitter pour de bon l'épuisement physique, considérons, pour la forme, l'épuisement nocturne. Au préalable, un mot sur l'effet Cooleridge...

Les biologistes parlent d'effet Cooleridge pour décrire la recrudescence d'activité sexuelle qui résulte du changement fréquent de partenaire. Le nom a été choisi en l'honneur d'un ancien président américain. En effet, à l'occasion d'une visite officielle de cet auguste personnage dans une ferme, Mme Cooleridge qui l'accompagnait s'est émerveillée à haute voix devant la performance de l'infatigable coq qui servait la basse-cour modèle. À quoi le président a senti le besoin de rétorquer : « *Dear*, c'est vrai qu'il le fait souvent, mais je vous ferai remarquer que ce n'est jamais avec la même poule ! »

Effet Cooleridge ou pas, 365 fois par an, 366 les années bissextiles, n'est-ce pas vraiment beaucoup, même pour un sultan ? Sage question. Mais, je vous le demande, la meilleure façon de camoufler les défaillances et de maintenir une réputation intacte ne consiste-t-elle pas à respecter le rituel de l'exécution matinale ?

En un mot comme en cent, les chances de faire intervenir les correctifs personnels semblent pour l'instant nulles et non avenues. Passons donc au niveau suivant...

Deuxième niveau — Les correctifs sociaux

Si les familles affligées faisaient front commun, si l'entourage refusait de collaborer ou si une jeune kamikaze faisait son affaire au Sultan, l'hécatombe aurait des chances de cesser.

L'ennui, c'est qu'il faudrait comploter, organiser la résistance, et que personne ne semble intéressé à se donner tant de mal ou à courir le risque. Les excès qu'on tolère peuvent durer bien longtemps, puisqu'une fois l'effet de surprise passé, on finit par ne plus s'offusquer de rien, pas vrai ?

Reste le troisième niveau.

Troisième niveau — L'ordre des choses

Si le Sultan ne sent rien, si la société ne peut ou n'ose rien entreprendre pour corriger une situation que souvent elle ne veut même pas qualifier d'excès, tant elle s'est habituée à l'horreur et à la raison d'État, le dernier recours appartient à la Nature, qui finit par agir au niveau de l'*ordre des choses.*

Une première possibilité de cet ordre serait que les recrues viennent à manquer. Par exemple, si notre Sultan régnait sur une tribu de 10 000 sujets, à 50 % de sexe féminin et dont 1000 au moins étaient trop jeunes ou trop vieilles pour partager sa couche, il s'ensuivrait mathématiquement qu'en une petite douzaine d'années le point final serait atteint.

Lorsque cette hypothèse ne tient pas parce que la population est trop abondante, cela signifie que ceux qui croient encore que patience et longueur de temps font mieux que force et que rage devront attendre le dernier recours, l'ultime solution, la mort naturelle du Sultan. Seule consolation, sa façon de procéder le prive de descendants et à supposer que son déboussolement soit génétique, au moins il ne l'aura pas propagé dans les générations futures. Quoi qu'il arrive, on constate que la Nature n'intervient pas avec une célérité exemplaire, même si elle finit par avoir le dernier mot.

Heureusement pour les cœurs sensibles, Schéhérazade est entrée en scène avant l'épuisement des ressources. Fine psychologue, à ce qu'on dit, elle avait compris sans difficulté qu'elle ne pouvait compter sur des correctifs du deuxième ou du troisième niveau et que la seule personne capable de neutraliser le puissant Sultan devait être le puissant Sultan lui-même. Le niveau 1, donc, et rien d'autre. Son propre bien-être, après tout, ne pourrait-il pas inciter le Sultan à freiner ses excès ?

Quant à parier sa vie, Schéhérazade a résolu de le faire d'une manière pragmatique et réaliste. En misant sur la principale caractéristique du Sultan, c'est-à-dire son égoïsme. Une valeur sûre, un égoïsme indécrottable, qui servirait à élaborer un plan en conséquence : le mettre dans une situation où il se sentirait personnellement lésé, si le bourreau lui coupait le cou à elle aussi.

Voilà qui est plus facile à dire qu'à faire, mais c'est un raisonnement qui se tient. Remarquez qu'elle n'a pas jugé opportun de miser sur des prouesses sexuelles. D'autres avant elle y avaient laissé leur peau. Mieux valait dépasser le déjà vu. Alors, elle s'est mise à conter une histoire.

« Si ce Sultan de malheur est un tant soit peu doté d'un esprit pas trop débile, dut-elle se dire en arrêtant sa stratégie, il appréciera le changement de programme. Pour le reste, il n'en tiendra qu'à moi de dérouler le fil du récit de manière à ce que l'aube venue, sa curiosité soit suffisamment en éveil pour qu'il rejette l'idée d'être privé de la suite. À la grâce d'Allah ! »

Miracle, le Sultan n'était pas monstrueux au point de refuser ce plaisir nouveau. Entre nous, il en avait sans doute un peu marre de son numéro de taureau et la pause publicitaire arrivait peut-être à point nommé. Toujours est-il que le plan imaginé par Schéhérazade a fini par convertir le Sultan à des joies moins dévastatrices que par le passé. Collectionner les histoires et prendre son plaisir à apprendre, ça peut aussi combler les désirs des humains, après tout. En tout cas, comme Schéhérazade a fini par lui faire admettre un jour où il se sentait en veine de confidences, ça ménage l'énergie et l'espace dans les cimetières !

Les Mille et Une Nuits — moderato : Aladin

Le puissant Sultan est un anti-héros qui fait peut-être rêver certains amateurs de *one-night stand,* mais on peut affirmer sans grand risque de se tromper qu'il est trop déboussolé pour s'attirer l'envie consciente de la majorité. Celle-ci comprend du premier coup d'œil que les despotes de cet acabit ont surtout besoin d'apprendre à canaliser leurs rêves échevelés dans une direction moins pathologique.

Schéhérazade la psychologue prit donc soin de présenter à son patient des modèles de héros propres à lui décrasser les fantasmes. Parmi ceux-ci, le plus bel exemple demeure Aladin.

Fils de veuve, exempt des privilèges qui rendent arrogant ou dément, Aladin rencontre un jour l'Aventure en la personne d'un magicien qui se fait passer pour un lointain parent. Aladin, jeune et agile autant qu'irréfléchi, est recruté pour s'introduire dans un souterrain dont l'entrée est trop étroite et difficile d'accès pour que le magicien s'y engage [1].

---

1. Pendant des années, comme la plupart des gens, j'ai accepté sans me poser de questions la partie du récit d'Aladin qui lui fait découvrir, avec l'aide du magicien, des trésors enfouis et d'accès difficile. Comme dans *Le Petit Soldat* d'Andersen, la présence de toute cette richesse, soigneusement camouflée sous terre, me semblait être le produit d'une imagination débordante, sans laquelle les auteurs de contes seraient réduits au chômage.

À l'été 1987, toutefois, j'eus le privilège de visiter l'exposition *Les trésors des cavaliers thraces,* où une éblouissante collection de bijoux et de vaisselle d'or nous était présentée par les musées de Bulgarie. Les organisateurs de l'exposition s'étaient donné le mal de reconstituer certains des tombeaux mis à jour par des fouilles récentes, et là, j'ai compris... J'ai compris qu'avec la manie qu'ont

Après bien des péripéties, Aladin se sauve du fourbe magicien et se retrouve en possession d'une lampe magique abritant un être surnaturel aux pouvoirs illimités : le Génie de la Lampe. Le mode d'emploi n'était pas gravé sur la lampe, mais c'est bien le seul reproche qu'on pourrait faire à cet objet fabuleux qui permit à Aladin de se procurer habits, joyaux et montures, de bâtir des palais, d'épouser une belle princesse et de répandre à profusion autour de lui cadeaux et largesses.

Schéhérazade nous a détourné des démons du puissant Sultan et nous avons souscrit d'emblée à l'attrait de la condition d'Aladin. Cœur fidèle, il ne courtise que sa belle princesse ; bon fils, il comble d'aise sa veuve de mère en lui fournissant tout ce qu'elle désire, y compris des servantes ; bon sujet, il offre des fêtes qui rehaussent l'éclat du règne de son beau-père. Il crée des emplois, soulage la misère, encourage les arts et les lettres. Bref, à lui seul, sans même faire apparaître le Génie, il pourrait faire doubler les cotes d'écoute de l'émission de télé *La vie des gens riches et pas méchants.*

Les BESOINS d'Aladin et ses DÉSIRS ont été couronnés de SUCCÈS sans tomber dans l'EXCÈS, semble-t-il. Du coup, les correctifs ne seront pas nécessaires. Enfin une histoire

---

les humains — que ce soit en Chine, en Egypte, en Bulgarie, ou ailleurs — de cacher tant de biens matériels dans des tombeaux prétendument inaccessibles, j'ai compris, donc, qu'à plusieurs reprises, il a dû se trouver des pilleurs de tombes qui ont utilisé de jeunes complices — faciles à faire taire ou à supprimer — pour ramener à la surface de quoi leur assurer prospérité et réputation de magicien. C'est une vue prosaïque, mais qui ne change pas fondamentalement les leçons à tirer du mythe, qui a trait à l'utilisation que l'on fera d'une soudaine affluence lorsque l'accès à des moyens extraordinaires permet subitement de combler ses plus chers désirs.

à faire rêver sans nous culpabiliser : pas de victime, si on excepte le magicien — mais comme il s'agissait d'un imposteur prêt à faire mourir Aladin, nous n'insisterons pas sur son sort. Pas de travaux forcés imposés à de pauvres esclaves, puisque le Génie ne fouette personne. Il semble tirer du néant à volonté tous les biens qu'Aladin commande.

Schéhérazade nous a vraiment dépeint le Paradis et les images qu'elle a su faire miroiter n'ont pas fini de nous bercer.

La société du tout-à-l'égout — Conversations avec le Génie

Les gens heureux n'ont pas d'histoire, c'est bien connu, et Schéhérazade perdit donc tout intérêt pour Aladin et son Génie pendant mille ans et plus. Pourtant, il y a quelques jours à peine, un cavalier porteur d'un message urgent se présenta au palais d'Aladin. Il venait de la part de la princesse Schéhérazade demander audience ou, plutôt, solliciter un entretien à trois. Apparemment, Schéhérazade avait des choses à discuter avec Aladin et le Génie.

Pas moins misogyne qu'un autre, mais trop diplomate pour le laisser savoir, Aladin crut adroit de laisser la requête du messager sans réponse :

— Retourne d'où tu viens et sache qu'à ton arrivée Schéhérazade te dira merci du résultat de ta visite.

Le cavalier parti, Aladin manda le Génie et lui fit connaître le souhait de Schéhérazade.

— Va voir sur-le-champ de quoi il retourne et arrange-toi pour que je n'aie pas à la recevoir, sans qu'elle se sente froissée de mon attitude.

C'est ainsi que le Génie d'Aladin se trouva pour la première fois en présence de celle qui nous l'a fait connaître, la princesse Schéhérazade. Il lui trouva les yeux cernés et mauvaise mine, mais jugea bon de l'aborder sur un ton réjoui.

— Schéhérazade, salut ! Je t'apporte les respects et l'amitié d'Aladin. Laisse-moi me féliciter de ma bonne fortune. Je rêvais depuis si longtemps de pouvoir te rencontrer en tête-à-tête. C'est une faveur qu'Aladin n'a pas pu me refuser quand je l'ai prié de m'accorder la permission de venir à ta rencontre voir s'il n'y avait pas moyen de t'épargner le déplacement.

— Génie, j'ai fait un songe il y a trois nuits et depuis je ne dors plus. Génie, je suis heureuse de te voir. Il me semble que tu peux m'aider. Merci d'être venu si vite.

Le Génie s'installa, attendant le flot de confidences.

— Génie, c'était un songe bizarre. Des histoires angoissantes et compliquées sont passées sous mes yeux, trop vite pour qu'elles me reviennent clairement. La seule chose dont je me suis souvenue au réveil, c'est qu'à la fin du rêve, un long tapis a été déroulé devant moi par une main invisible. Un message était inscrit dans le motif du tapis. Un message qui me hante depuis trois jours et qu'il faut que quelqu'un m'explique. Génie, dis-moi, crois-tu que les songes ont un sens ?

— Ça arrive, Schéhérazade. D'ailleurs, rien qu'à parler d'un songe, il n'est pas rare que son sens s'éclaire. Allez, raconte. Si je peux t'aider, je ne demande pas mieux. Il était comment, ce tapis ?

— Ma foi, je crois qu'il était encore plus chatoyant que les tapis de soie que font les Chinois. Fait de fils si fins que des caractères peints au pinceau n'auraient pas été plus nettement dessinés que les motifs de ce tapis.

— Et ils disaient ?

— Ils disaient...

Schéhérazade ferma les yeux et, presque en transe, récita :

Il y a cette fois, dans un pays lointain, un puissant sultan qui à chaque seconde fait couper le cou par ses bourreaux à plus de cent arbres. En agissant de la sorte, le grand sultan croit qu'il s'assure une vie pleine de variété et exempte de bien des soucis.

Schéhérazade reprit son souffle, ouvrit les yeux et enchaîna :

— Génie, ça me semble tellement bête, cette histoire. Je me sens concernée. Je me sens obsédée. Et ne sais qu'en penser.

— C'est tout ?

— C'est tout ce qui me revient en mémoire. Je revois cette inscription sur le tapis... le reste est trop confus.

— Y avait-il des dessins, des motifs, des détails du tapis que tu peux me décrire ?

— Non, sauf le point final. L'énigme, car c'en est sûrement une, se terminait par un point comme je n'en avais jamais vu. On aurait dit un nombril surmonté d'une couronne. Je me sens absurde en te racontant cette affaire. Au fond mieux vaut qu'Aladin n'y soit pas. Peux-tu m'éclairer, Génie ? Qu'est-ce que tout ça peut bien signifier ?

— Schéhérazade très chère, tu as bien fait de me faire signe. Je n'aurais jamais cru qu'une femme comme toi puisse faire des songes de cette nature. J'ai beaucoup voyagé, plus que toi en tout cas, et je t'affirme que ton songe a un sens que je devine sans trop de mal.

— Génie, que tu me fais plaisir ! Raconte, j'ai hâte de t'entendre.

— Schéhérazade, dors-tu toujours le jour, comme au temps des Mille et Une Nuits ?

— Ça m'arrive, mais je te l'ai dit, depuis ce songe, je ne dors ni le jour ni la nuit.

— Alors voilà ce que je te propose : dors un bon coup cet après-midi, pour te reposer. Dors sur tes deux oreilles. Cette nuit, je reviendrai et nous commencerons par le commencement. Je te quitterai à l'aube mais tu peux compter sur mon retour la nuit suivante...

— Oh ! les explications seront longues ?

— Si j'avais ton talent, je pourrais tenter d'étirer l'affaire sur mille et un chapitres, mais rassure-toi, en moins d'une semaine mon récit sera terminé. Allez, va te reposer avant que nous ne commencions pour de bon.

Le Génie disparut comme il était venu et la belle Schéhérazade, déjà à demi rassurée, put enfin se détendre, sachant que sa curiosité serait bientôt satisfaite.

Le récit du Génie — Nocturne I : Le besoin de manger

À la nuit tombée, le Génie s'est de nouveau présenté aux appartements de Schéhérazade :

— Princesse, je te salue bien bas ! Alors, en forme ? On y va ?

— Génie, je n'attends que ça. Depuis ce matin, mon songe me fait moins mal. Merci à toi. Mais je meurs d'envie de savoir comment tu interprètes ces millions d'arbres auxquels on coupe le cou chaque jour.

— Tiens-toi bien, ma chère Schéhérazade. Es-tu solidement calée dans tes coussins ?

— Oui, oui. Allez, parle. Dis-moi vite de quoi il s'agit !

— Schéhérazade, tes millions d'arbres ne sont rien d'autre que... des millions d'arbres.

— Tu veux rire ? Ça n'existe pas, des millions d'arbres !

— Schéhérazade, tu vis dans une contrée où les arbres et l'eau sont plutôt rares, mais ailleurs c'est tout autre chose. De toute façon, ici même, ce que tu vois n'est pas très vieux. Crois-moi, cela a déjà été fort différent. Tout autour de nous, les plantes et les arbres que tu connais poussent là où ils sont parce que les humains les ont plantés à l'endroit où tu les vois. Mais il n'en a pas toujours été ainsi.

— Alors, les arbres n'ont pas nécessairement besoin de nous pour pousser là où ils sont ?

— Bien sûr que non. Les humains ont besoin des arbres, mais les arbres existent depuis pas mal plus longtemps que les humains. Par conséquent, les arbres se passaient très bien de vous avant que vous ne vous mettiez à tout vouloir contrôler. Ailleurs, je l'ai vu de mes yeux, il y a des endroits où les arbres se plantent encore tout seuls : leurs fruits tombent au sol et à cause de leurs graines, d'autres arbres naissent sans intervention humaine.

— Comme c'est étrange. Des arbres qui se plantent tout seuls. Ah, Génie, j'ai compris : quand on coupe 100 arbres à la seconde, il se plante aussitôt 100 nouveaux arbres à la seconde.

— Attention... Je n'ai pas dit ça. Schéhérazade, j'ai promis de commencer par le commencement. Eh bien ! voilà. Au commencement, les humains ont commencé dans les arbres. C'était quelque part dans l'est de l'Afrique. Et depuis, les humains ont toujours tiré parti des arbres. Ce soir, je veux te parler de votre besoin de manger, à vous les humains, et des arbres qu'on brûle et qu'on coupe pour satisfaire ce besoin.

Je disais donc qu'au commencement, les arbres s'arrangeaient tout seuls et c'était bien ainsi, car au commencement, il n'y avait pas d'humains. Et puis les humains sont arrivés, des millions et des millions d'années après les arbres.

En ce temps-là, vois-tu, les humains ne savaient pas planter les graines. Ils mangeaient celles des graines qu'ils jugeaient à leur goût, ils mangeaient des racines ou des fruits, ils se guérissaient aussi parfois en utilisant certaines écorces, mais ils ne plantaient pas de graines.

Tu sais, ils aimaient bien la viande et ils se nourrissaient aussi de petits animaux et d'œufs, comme de poissons et de coquillages. Ils ne demandaient pas mieux que de s'en régaler aussi souvent qu'ils en trouvaient. S'ils avaient eu, comme la girafe, l'éléphant ou le chevreuil, un estomac capable de digérer en quantité les branches et les feuillages, ç'aurait été une autre affaire, mais pendant toute la période où ils n'ont pas su planter les graines, il ne serait pas venu à l'esprit des humains de faire disparaître la forêt pour satisfaire leur désir de manger.

— Ça leur est venu comment ?

— Ça leur est venu il y a 10 000 ans. Près d'ici, tiens. On en a retrouvé des traces en Jordanie et en Syrie. Ça leur est venu quand les humains se sont rendu compte que c'est à cause des graines de blé que le blé se reproduisait. Certains humains ont décidé de prendre les choses en mains. De gratter la terre, d'y enfouir des graines et de récolter. De ne manger qu'une partie de la récolte pour garder de quoi replanter, la saison suivante. Ils ont appris à planifier un an d'avance.

Ils ont graduellement cessé de se promener de place en place. Ils sont devenus sédentaires, puis ils ont inventé les villes. Ils ont fait la même chose en Asie, avec le riz et le millet. Idem en Amérique, mais cette fois en faisant pousser surtout des pommes de terre et du maïs. En travaillant fort, ils ont eu plus de graines à planter. Pour cette raison, ils ont voulu étendre les champs. Ils ont travaillé plus fort, pour ensemencer les surfaces croissantes qu'ils avaient labourées. Ils ont donc eu plus de graines et, à force d'étendre leurs champs, un jour ils ont commencé à trouver que certains arbres étaient de trop.

— Et à les couper...

— Eh oui ! Ce qu'ils reprochent aux arbres, c'est

d'abord leur ombre.

— Voyons, Génie. L'ombre est un bienfait des arbres. Il faut être malade pour la leur reprocher.

— Princesse, au pied des arbres les graines que les hommes veulent planter ne poussent pas, à cause de l'ombre.

— Mais il y pousse des champignons, des violettes et bien d'autres choses.

— Princesse, si tu rêvais de blé, de riz ou de maïs, tu aurais horreur des champignons et des violettes. Tu trouverais injustifiable tout rayon de soleil détourné de la production que toi tu choisis. Tu dirais aux arbres : « Ôte-toi de mon soleil ! » et tu enverrais tes bourreaux abattre et brûler la forêt pour laisser passer la lumière.

— Non contents de couper, il doivent aussi brûler ?

— Mets-toi à leur place. C'est fatigant, se battre contre les arbres. Au moins, pour empêcher la repousse des arbres, le feu, c'est du sérieux.

— Mais il me semble que ça doit être dangereux.

Le Génie en resta bouche bée...

— Dangereux pour qui, Schéhérazade ? Les oiseaux, les insectes, les serpents, les castors, les cougars, les plantes ou les humains ? Ce n'est pas à moi de dire si oui ou non le feu qui brûle les arbres est dangereux. *C'est vous, les humains qui décidez.* Écoute, moi je n'ai pas l'habitude de juger. On me commande et j'obéis. J'obéis à mes maîtres en évitant de réfléchir à ces questions-là. Libre à toi de trouver si c'est dangereux ou pas, et pour qui. Quant à moi, ce n'est pas mon métier.

Nous disions donc que le feu, c'est drôlement efficace contre les arbres. Tiens, prends le cas de Madère. C'est une petite île volcanique, au large du Maroc. Jusqu'au début du XVe siècle, elle est entièrement couverte de végétation.

— Madère, justement, le mot pour bois, en espagnol.

— Les Européens y débarquent en 1419. Ils aimeraient bien y trouver de la soie et des épices pour les revendre avec profit, mais ce ne sont que des arbres, des sources, des plantes et des animaux qu'ils y trouvent. Alors ils vont entreprendre de défricher, pour cultiver.

Pour gagner du temps, quelqu'un a foutu le feu à la forêt. Après le feu, j'aime autant te dire que les arbres n'empêchent plus autant le soleil de passer, ni la pluie d'ailleurs. La forêt agit comme une éponge pour retenir l'eau, ralentir l'érosion et permettre aux nuages de se reformer. À Madère, la pluie tombe plus abondante qu'ici et, à certains endroits privés de leur couverture d'arbres, l'eau, en dévalant la pente, a entraîné des tonnes et des tonnes de sol à la mer. Depuis, seule la Lune est plus dénuée de végétation qu'une certaine partie de Madère !

— Et toute l'île est aussi désolante que tu dis ?

— Heureusement non. On a eu recours à la culture en terrasses pour retenir le sol et les arbres couvrent encore une grande partie du territoire de Madère, si bien que l'île reste une véritable splendeur végétale : les vignes, la canne à sucre, les fleurs, les arbres dépassent tout ce que tu as jamais vu, Schéhérazade.

Dans sa partie verte, Madère transforme l'énergie du Soleil et avec l'effet combiné du sol, de la pluie et du travail, les humains y trouvent de quoi manger et de quoi se divertir.

Dans sa partie morte, Madère cuit au soleil. Le jour, la température est suffocante ; le vent balaie des nuages de poussière. Plus d'arbres, plus d'oiseaux, plus de sous-bois, mais pas davantage de blé, de vigne ou de moutons. La Lune te dis-je. Quand l'humus — le sol fertile — fout le camp, le contraste «avant-après» parle de lui-même.

— Si c'est aussi éloquent que tu dis, au moins les humains ont dû apprendre que vouloir gagner du temps, ça peut transformer un succès en excès plus vite qu'on pense.

— Crois-tu ? Ils sont allés poursuivre leurs expériences ailleurs. 1492, Schéhérazade, ça te dit quelque chose ? C'est en 1492 que les Européens découvrent l'Amérique. L'Amérique est immense et pleine d'arbres. On y trouve des humains, également — presque autant qu'en Europe à la même époque — qui sont surtout concentrés aux latitudes plus au sud que l'Europe. Le temps de le dire, et les Européens entreprennent de s'installer en Amérique avec d'autant moins de retenue que les microbes qu'ils y apportent font crever les Amérindiens comme des mouches.

Des tas d'Européens venaient pour sauver leur peau. Certains cherchaient à sauver leur âme, d'autres à sauver l'âme des Amérindiens, enfin, c'est ce qu'ils ont prétendu. Pour la plupart, j'aime autant te dire que le salut s'accommodait assez bien, merci, de la traite des esclaves, de la soif de l'or, de la pêche aux poissons qu'on pouvait revendre à prix fort dans une Europe manquant de plus en plus de protéines, de l'échange d'alcool contre des fourrures dont on faisait des manteaux ou du feutre à chapeau — et j'en passe !

Toujours est-il que les nouveaux arrivants ont entrepris tout un remue-ménage. Ils ont abattu des arbres parfois vieux de mille ans, comme si ça repoussait en une nuit. Ils ont transplanté le blé et le riz en Amérique et se sont dépêchés de faire pousser le maïs et la pomme de terre en Europe et en Asie. En quelques générations, tu sais, les humains en sont arrivés à produire autant de tonnes de maïs et de pommes de terre — nourritures que les Européens et les Asiatiques ignoraient complètement avant Colomb — que de tonnes de blé et de riz, ces deux grandes céréales que l'on associe à la civilisation et à l'histoire.

— Bon ! Leur désir de manger est enfin assouvi, alors ?

— Schéhérazade, tes semblables sont peut-être à la veille de s'estimer contents. En un sens, ils le devraient. Et pourtant !

Suis-moi bien, l'affaire est complexe... Les Blancs mangent mieux qu'avant 1492. Il y a plusieurs explications à ce résultat. En premier lieu, à elle seule, l'Amérique du Nord représente plus de deux fois et demie le sol arable de l'Europe et il y a moins de cent ans qu'on a commencé à cultiver sérieusement ce nouveau territoire. Sans compter que deux événements majeurs ont contribué depuis peu à augmenter le rendement des agriculteurs : la fin des animaux de trait et les trouvailles de la chimie.

Il y a à peine cinquante ans, en Amérique et en Europe, jusqu'au quart des produits de la ferme passaient à nourrir les chevaux et les mulets, remplacés depuis par des tracteurs et des autos. En retirant le besoin de nourrir toutes ces bêtes, on dégage des calories pour les humains...

— Avec à peu près le même effet que si on venait de découvrir un nouveau continent gros comme la moitié de l'Europe ?

— Effectivement ! Quant aux produits chimiques, on s'en est servi pour tuer les insectes, ce qui laissait plus de nourriture pour les humains, tandis que les phosphates et autres additifs accéléraient la croissance des végétaux, toujours dans l'espoir d'assouvir l'humanité.

En 1949, Harry S. Truman, alors président des États-Unis, a lancé avec fanfares et trompettes un grand programme technique pour vaincre la faim dans le monde. À l'époque, personne n'aurait osé formuler le moindre doute sur la capacité des humains d'enfin casser le cercle vicieux de la faim.

— Et lui qui venait du Missouri, État agricole, pouvait faire d'une pierre deux coups : trouver des débouchés aux surplus de ses électeurs et prouver que les USA, vainqueurs de deux guerres mondiales, pouvaient gagner une troisième guerre.

— Ma chère Schéhérazade, je sens que ta fréquentation des puissants de ce monde te fait deviner bien des choses ! Enfin, pour analyser ce combat séculaire, il faut surtout ne pas perdre de vue que la cible est mouvante : 2 milliards de bouches à nourrir sur terre en 1930, 3 milliards en 1960, près de 5,5 milliards en 1990.

— Les humains feraient maintenant plus que le double de tous ceux qui existaient quand Truman a lancé son offensive ?

— Oui, plus du double. Donc plus d'arbres abattus, plus de produits chimiques, plus de troupeaux qui broutent parfois à tort et à travers, sans parler des fantaisies que certains se payent. Tu ne sauras jamais combien, vous les humains, vous êtes friands de fantaisies, même les plus surprenantes.

— Tu m'en diras tant !

— Les Romains du temps de Néron avaient mis au point toute une technique pour aller vomir quand leur estomac était plein, puis revenir festoyer comme si de rien n'était.

Les riches de tous les temps ont eu tendance à s'offrir des extravagances, je suis bien placé pour le savoir. Ils raffolent de l'exotique. Des pommes sous l'Equateur et des ananas dans les pays de neige. Du homard à la montagne et du bison au bord de la mer. Le pain de Paris livré dans la journée à New York et le bagel de New York livré à Tel-Aviv. Les fleurs coupées de Hollande à Montréal.

— C'est bon signe, si on peut s'offrir tout ça. L'abondance est là !

— Ma chère Schéhérazade, l'abondance des uns est parfois la pénurie des autres, tout dépend du point de vue. Ça dépend aussi des époques, semble-t-il. Prends le pays qu'on associe parfois à la Reine de Saba. L'opulence et la richesse de ce pays ont fait rêver bien avant le roi Salomon. Cette contrée a changé de nom, s'appelant parfois Abyssinie, parfois Ethiopie.

Et bien ! voilà qu'on apprend qu'elle ne peut plus nourrir son monde. Le désert gagne. Le sol arable rétrécit. Tu sais ce que les humains ont fait dans ce pays, depuis moins d'un siècle ? Ils ont multiplié par quatre ou cinq le nombre de bouches à nourrir. Et les arbres, devine ce que les humains ont fait aux arbres ? Non, il ne les ont pas multipliés, ils les ont arrachés. Cinq fois moins d'arbres qu'avant et quatre fois plus d'humains, ça donne quoi, tu penses ? La famine, oui ma chère, la famine. Une seule consolation, c'était pour bien faire, paraît-il. Les vaccins et la médecine des Occidentaux ont aidé à multiplier les humains. Leurs machines sont venues prêter main forte pour arracher des arbres. Leurs aumônes, déductibles d'impôt, ont servi à ce beau résultat.

— On devrait les forcer à repayer leur sottise en sol arable.

— Je l'aurais parié ! Voilà que tu veux sauter tout de suite aux solutions, Princesse. C'est ton rayon, pas le mien. Mais en attendant, moi je n'ai pas fini de vider mon sac.

Le sol arable à la poubelle, il n'y a pas qu'en Ethiopie que ça se passe. Prends le cas du Brésil, où l'ancien président en personne a dénoncé le développement, il y a quelques années. En douze mois, les Brésiliens avaient allumé 170 000 feux de forêt pour brûler les arbres. Des photos par satellite montraient 7000 feux brûlant simultanément, volontairement allumés pour faire reculer la forêt.

La plupart des Brésiliens n'ont pas les moyens de prendre des vacances à Madère et on ne va pas les priver du droit de faire leurs expériences chez eux, hein ? N'oublions pas non plus que les banquiers étrangers qui leur ont avancé de l'argent veulent se faire payer rubis sur l'ongle. Est-il vraiment surprenant de constater que les Brésiliens, à leur tour, sont pressés de faire ce que les Européens et les Nord-Américains ont fait avant eux ?

— Qui sommes-nous pour aller leur dire que tenter de calmer leur faim ou tenter de devenir riches en développant, c'est passé de mode ?

— Entre-temps, les poubelles débordent, Schéhérazade ! On y trouve plus de sol arable que jamais. Les produits chimiques dont l'agriculture moderne a besoin se retrouvent dans la chaîne alimentaire là où on ne les attendait pas. Des centaines d'espèces d'animaux et des milliers d'espèces de plantes sont en train d'être exterminées, jetées par-dessus bord, à mesure que l'on détruit leur habitat. Le lion de Judée se meurt, les grands singes se meurent. Les humains avancent en nuée comme des chenilles et des sauterelles. Il faut bien bouffer, pas vrai ?

— Génie, je préfère qu'on change de sujet. Je n'ai aucun mal à imaginer qu'à moins de découvrir un autre continent, les humains vont payer atrocement cher le mépris qu'ils manifestent pour les arbres et tout ce qu'ils représentent.

— Princesse, mépris est un bien grand mot. La plupart des humains te diront qu'ils adorent les arbres. En plastique ou en soie, on fait des palmiers absolument irrésistibles. Et je connais des gens qui aiment les arbres au point de les torturer et de les empêcher de pousser pendant des siècles, en les ratatinant dans des pots.

— Et pourquoi donc ?

— Allez savoir... Probablement pour prouver qu'ils sont les maîtres. Le point à ne pas perdre de vue, c'est que l'arbre véritable est un transformateur d'énergie solaire et qu'il s'insère dans une sorte de cercle merveilleux et extraordinairement complexe où le sol, l'air, la pluie, les micro-organismes et bien d'autres facteurs ont leur rôle à jouer.

Par comparaison, les arbres nains n'ont plus qu'une fonction énergétique résiduelle, symbolique. Quant aux arbres en plastique et en soie, ce sont des produits factices, obtenus au prix d'une certaine dépense énergétique, un point c'est tout. Il ne faut pas compter sur eux pour entretenir autre chose que l'illusion de la Vie.

— Et tu soupçonnes que notre amour de l'illusion nous fasse oublier la Vie ? C'est ça ?

— Oublier, c'est peu dire ! Vous ne faites pas que l'oublier, charmante Princesse. La Vie ? Vous la ratatinez, vous la niez, vous la broyez, vous... Enfin ! Je ne tiens pas là des propos très réjouissants et je m'excuse de manquer de la sorte aux belles manières. Espérons que demain je serai plus serein.

— Que me réserves-tu pour demain, Génie ?

— Je crois bien que demain, nous allons prendre le temps de traiter des arbres qu'on sacrifie pour ouvrir des chantiers. Bonne journée, Princesse.

Sur ce, le Génie prit congé et retourna au palais d'Aladin le bienheureux, pour n'en revenir que douze heures plus tard reprendre le fil de son entretien avec Schéhérazade.

Le récit du Génie — Nocturne II : Le besoin de se loger

— Schéhérazade très chère, es-tu prête ?

— Génie, il ne manquait plus que toi. Tes propos d'hier n'étaient pas très réconfortants. Pour ne rien te cacher, j'ai pensé à annuler la suite de cet entretien.

— Princesse, il existe des tas de gens qui croient que ce qu'ils ne savent pas ne leur fait pas mal. Si tu le préfères, je me retire et nous n'en serons pas moins bons amis.

— Non Génie, j'ai voulu savoir et je saurai. Ce serait lâcheté de ma part de ne pas profiter des renseignements dont tu disposes : j'en viendrais à ne plus vouloir me regarder dans un miroir !

En vérité, j'ai décidé d'aller au fond de cette affaire. J'ai cherché des livres et des revues pour creuser davantage le sujet de nos conversations. Et j'ai trouvé ceci :

« *Si nous nous avisions de faire le double d'enfants de ce que nous en faisons, si notre patrie était peuplée du double, si nous avions quarante millions d'habitants au lieu de vingt, qu'arriverait-il ?*

« *Il arriverait que chacun n'aurait à dépenser que vingt écus, l'un portant l'autre, ou qu'il faudrait que la terre rendît le double de ce qu'elle rend, ou qu'il y aurait le double de pauvres, ou qu'il faudrait avoir le double d'industrie et gagner le double sur l'étranger, ou envoyer la moitié de la nation en Amérique, ou que la moitié de la nation mangeât l'autre.* »

Génie, dis-moi, tu sais qui a écrit ça ?

— Probablement Malthus, l'économiste anglais.

— Erreur, il ne s'agit pas de Malthus, mais de Voltaire ! Plus de vingt ans avant Malthus, Voltaire s'inquiétait d'économie et de ventres affamés, dans *L'Homme aux Quarante Écus.*

— Voilà une crainte salutaire. Qui a donné des résultats, à l'époque : du vivant de Voltaire, dès 1764, les Anglais suivent à Tobago les bons conseils du grand savant Stephen Hales. Ayant trouvé une relation causale entre la forêt et la pluie, Hales prêche le reboisement dans les îles que la colonisation saccage à toute allure.

À leur tour, cinq ans plus tard, en 1769, les Français entreprennent à l'Île Maurice une politique de reboisement pour contrer l'érosion et empêcher les changements climatiques.

— Les choses apprises ne sont donc jamais apprises pour de bon, Génie ? Sommes-nous condamnés à toujours recommencer à zéro ? Regarde ce qui se passe en Australie. Ce que j'en ai lu aujourd'hui nous donne à réfléchir.

Avant les Blancs, les Aborigènes ont vécu là pendant des dizaines de milliers d'années. Les Blancs, en moins de 200 ans, ont arraché 500 000 hectares de forêt. Pas surprenant, tiens, dans les années 80, on leur versait encore des subventions au déboisement. Et paf ! le succès a dépassé la mesure.

Tu vas rire : on a dû se remettre à reboiser, ces derniers temps, parce qu'une fois les arbres partis, la nappe phréatique, privée de leur effet d'éponge, se met à monter, ce qui entraîne un apport de sels minéraux qui fait mourir la végétation et empoisonne le sol.

En lisant ça, je pensais à Harry Truman. Je me demandais s'il avait compris, avant de mourir, combien le besoin de manger des humains les pousse à s'en prendre à la Nature en général et aux arbres en particulier ? S'il avait pu prévoir les excès à venir ?

— Tu vois, s'il s'était posé les bonnes questions, les enseignements du passé et le gros bon sens auraient dû lui permettre d'y voir un peu plus clair.

— Inquiétant, son manque de flair à celui-là ! Passons à la suite. Tu m'as dit hier que le besoin de se loger était aussi en cause...

— Je vis dans une lampe portative et je n'ai donc ni le besoin ni le désir de faire comme vous, mais je constate que la démangeaison de bâtir vous habite depuis fort longtemps.

— Les oiseaux aussi font leur nid... Tu ne vas tout de même pas nous reprocher de nous protéger ?

— Bien sûr que non. L'ingéniosité des humains a réalisé des miracles, je suis le premier à le reconnaître. Seulement, je constate que votre manière de faire a drôlement modifié le paysage. Pourtant, les premiers succès des humains bâtisseurs n'ont pas laissé grand traces : la neige de l'igloo, la peau des bêtes montée sur une structure de bois pour les nomades du désert ou des steppes, la terre battue, la brique crue, le bois, le chaume ou l'écorce. Pendant longtemps, comme les oiseaux, la plupart des humains ont réussi à se protéger sans laisser trop de cicatrices sur la face de la planète.

Mais la civilisation est venue changer tout ça. Les traces des civilisés ne s'estompent pas facilement : les archéologues n'en finissent plus de répertorier les bâtiments que les humains des différentes époques historiques ont semés çà et là, souvent empilés les uns sur les autres.

Le plus étrange, à mon avis, c'est que votre envie de bâtir solide est souvent liée au culte des morts. Les pires, à cet égard, sont d'ailleurs les morts vivants, je veux dire ceux qui planifient leurs tombeaux pendant qu'ils sont en vie. J'ai en tête deux cas, parmi mille. Commençons par le plus célèbre, celui de l'Égypte des pharaons. Il y a plus de 4000 ans, une colossale industrie du bâtiment s'y est organisée pour assurer le repos éternel au monarque.

— Voyons, Génie, quand il s'agit de repos éternel, peut-on vraiment parler de besoin ? Si les pharaons aspiraient au repos éternel, il me semble qu'ils ont choisi la pire des solutions. Malgré toutes leurs précautions, leurs tombes ont été vandalisées à plusieurs reprises, peu de temps après leur mort. À l'époque moderne, c'est encore plus ridicule, on leur passe des tubes dans les narines, on leur rogne les ongles et les cheveux, leurs momies sont exposées à la foule, transportées d'un pays à l'autre, passées aux rayons X, et quoi encore ! Finalement, après leur mort, les restes de certains pharaons ont subi plus d'outrages que le plus obscur de leurs sujets.

— Schéhérazade, le besoin d'apprivoiser l'idée qu'on va mourir semble faire partie de la condition humaine. Je te laisse apprécier si la méthode des pharaons est un succès ou un excès... Quant à moi, je suis porté à croire que les pharaons se sont offert là une belle extravagance, pour tenter de résoudre un problème de nature différente.

As-tu déjà entendu le proverbe « Quand le bâtiment va, tout va ! » ? À moins que je ne me trompe, les pharaons sont les premiers d'une longue lignée de gouvernants qui s'y sont laissé prendre.

Avec la fertilité exceptionnelle des terres le long du Nil, le rendement de l'agriculture semble avoir permis la croissance de la population à un point tel que tous ne peuvent plus être agriculteurs ou pêcheurs. Il faut donc trouver un moyen d'occuper et surtout de nourrir ceux qui n'ont ni terre ni bateau. La charité individuelle est rarement suffisante pour une telle responsabilité. Les prêtres et le pharaon, qui ont l'habitude de prélever des taxes en nourriture et autres biens, voient que l'abondance leur permettrait de soutirer davantage aux paysans et aux pêcheurs.

Mais pour faire quoi ? L'Égypte de cette époque ne semble pas avoir eu à soutenir de guerre contre les étrangers. Cela entraîne que l'armée n'est pas un bon prétexte pour tenir occupés le surplus de population et les fonctionnaires du temps. Mais comme dirait Marie-Antoinette, « Faute de pain, on mange de la galette... » Faute de guerre, les Égyptiens se lancent donc dans les grands travaux des pyramides. Elles n'auraient sûrement pas été bâties si les humains avaient été plus rares.

— Tu veux dire que quand ils sont rares, on fait attention aux humains et qu'on n'ose pas les transformer en bêtes de somme ?

— Tu dis là quelque chose d'important, mais ce n'est pas ce que j'avais en tête. Pour que fonctionne un tel chantier, en plus des chimères royales et de l'imagination de l'architecte, il faut des matériaux et des outils comme des lames de métal, des barques à voile, des cordages et quelques instruments de mesure. Mais c'est loin de suffire !

Non, en pratique, ce que les pyramides vont consommer en quantité remarquable, ce sont surtout des bras et de la nourriture. Vois-tu, c'est l'énergie musculaire qui va être mise à l'œuvre et à l'épreuve. Scier les blocs dans les carrières, les tirer avec des cordes sur des billots ou des traîneaux, les charger sur des felouques puis les en décharger et enfin les empiler selon le plan, cela représente d'abord et avant tout 20 000 travailleurs à nourrir pendant toute la durée des travaux.

— 100 000, d'après certains !

— À 100 000 ils se seraient nui, à force de se piler sur les pieds. Mets 20 000, c'est déjà pas mal de Calories à trouver !

— 2500 par jour par tête ? 50 millions pour chaque jour de chantier ?

— Oui, Princesse ! Tu l'as dit, il en faut des Calories pour enterrer une momie : 50 millions par jour, au bas mot ! Le pire, c'est que ce pauvre pharaon est très mal équipé sans le savoir. Un humain, même quand on le fouette jusqu'au sang, est fort limité dans le travail qu'il peut fournir ; son corps est une machine admirable, mais très peu puissante. Jamais il ne peut fournir plus d'un kilowatt-heure par jour. Tu sais ce que ça vaut, un kilowatt-heure ?

— Ça ne vaut pas cinq cennes, au tarif d'Hydro-Québec !

— Très juste ! Tu vois, avec quelques moteurs et des

prises de courant, un pharaon pourrait, de nos jours, bâtir sa pyramide sans payer 60 000 repas, soit 50 millions de Calories par jour, pour nourrir ses 20 000 travailleurs. Il s'en serait tiré avec quelques centaines de personnes et une maigre facture d'énergie de 750 $ par jour, moins les rabais offerts aux gros utilisateurs.

— Moi qui croyais que l'intention était de nourrir ces gens, de toute façon...

— Évidemment, si cette hypothèse tient, aucun pharaon n'aurait voulu échanger l'énergie musculaire contre de l'énergie électrique. De toute manière, puisqu'ils n'ont jamais été confrontés au dilemme, nous sommes réduits à spéculer sur ce point.

Quoi qu'il en soit, des millénaires plus tard, c'est là un choix que vous, les humains, allez un jour ou l'autre être forcés de regarder en face. Mais ne sautons pas les étapes. J'avais promis de te parler de deux cas et je n'ai donc pas fini. Mon deuxième cas s'appelle Jules.

— Rien qu'à entendre son nom, je sens qu'il va m'intéresser, ton Jules !

— Les pharaons, on l'a vu, cherchaient l'éternité à leur manière... Remarque que des fois, on se demande pourquoi il leur fallait tant s'en préoccuper, puisqu'ils étaient censés être le Soleil en personne...

— Peut-être n'étaient-ils pas si sûrs de l'être, en leur for intérieur !

— Sait-on jamais ? Note que le Soleil est la grande source d'énergie, celle qui réchauffe, celle qui fait pousser les plantes ou tomber la pluie. Quand on est mégalomane, on ne saurait se parer d'une prétendue identité plus imposante. Au fil de la tradition, la religion égyptienne avait fini par considérer le pharaon comme l'incarnation du Soleil. Les pyramides étaient conçues comme une représentation de rayons de soleil pétrifiés qui allaient permettre au souverain de rejoindre le dieu solaire, Rê, dans l'au-delà.

Comme tu viens toi-même de le dire, la recette n'était peut-être pas la bonne. N'empêche que pour l'immortalité relative que représente le fait d'avoir survécu dans la mémoire des hommes, les pharaons n'ont pas complètement perdu leur gageure. La preuve, c'est qu'on en parle encore.

Néanmoins, le Soleil incarné est un concept qui a fait long feu. Les religions nées au Moyen-Orient dans les millénaires suivants ont beaucoup emprunté à la tradition égyptienne, mais au moins elles ont tendance à parler de la divinité comme d'une entité qui n'a pas besoin de funérailles de luxe. Ainsi, Yahvé et Allah n'ont pas de corps ; quant au Dieu des chrétiens, s'il s'est donné le mal d'envoyer son fils sur terre, il a pris bien soin de ramener au ciel son corps et celui de sa mère, pour les soustraire aux marchands de reliques, je suppose.

— Tu vois, eux aussi ont dû tirer leçon de ce qui est arrivé aux pauvres momies dans leur pseudo-éternité.

— Sans doute. Nous disions donc que la glorification du cadavre de certains humains continue d'inspirer tes semblables à travers les âges et les civilisations, mais que les sommets atteints par les pharaons de la IVe dynastie sont difficilement surpassables.

Transportons-nous à Rome, au début du XVIe siècle... Le cardinal de La Rovere vient de gagner l'élection dans un conclave qui n'a duré que 24 heures. Un record ! Il choisit le nom de Jules II et va se brancher rapidement sur les deux plus courts chemins que les grands de ce monde cherchent à emprunter pour s'immortaliser, c'est-à-dire la guerre et les arts.

Un pape en armure et à cheval menant ses troupes à la bataille, c'est à coup sûr original, mais ça ne suffit pas au bouillant Jules. Il s'intéresse passionnément au talent de Michel-Ange — auquel d'ailleurs il confiera plus tard la décoration de la Chapelle Sixtine.

Or, ce que Jules II commande en premier lieu à Michel-Ange, c'est un tombeau pour son propre usage. Haut de 11 mètres, l'ensemble de 40 statues monumentales est surmonté de deux anges qui soutiennent le sarcophage. D'avance, on devine que le futur enterrement du pape ne sera pas piqué des vers.

On dit que l'appétit vient en mangeant et pour bien le prouver, voilà notre Jules qui se met soudain à trouver la vieille basilique Saint-Pierre indigne d'un tel chef-d'œuvre. Malgré qu'elle soit un lieu de culte honoré par l'Europe entière, il la fait raser sans autre forme de consultation et s'empresse aussitôt de signer des contrats pour l'érection d'une basilique nouvelle, améliorée, Saint-Pierre de Rome, qui est toujours là.

Ce mégaprojet a offusqué ceux qui chérissaient leur basilique et tenaient à la conserver. Par contre, il a fait le bonheur des bâtisseurs et des fournisseurs de matériaux. Des dizaines de milliers d'emplois temporaires ont été créés, 2500 pour la seule démolition, bien davantage pour la construction. Même en 1506, vois-tu, les méthodes des grands architectes et ingénieurs de la Renaissance étaient rigoureusement identiques à celles de la Rome des Césars. Des bras, des cordes, des poulies et quelques machines. Les treuils et les grues étaient encore actionnés, non par des moteurs, mais par d'énormes cages d'écureuil où des humains tournaient sans fin pour entraîner les mécanismes.

— Guère mieux qu'à l'époque des pharaons, comme j'ai pu le constater ce matin. Dans mes recherches, j'ai feuilleté le petit manuel qu'ont utilisé religieusement tous les génies de la Renaissance, un livre écrit par Vetruvius, en l'an 20 avant Jésus-Christ. Quinze siècles plus tard, pas de changement technologique sur les chantiers. Chaque ouvrier doit être nourri plusieurs fois par jour pour ne fournir en retour qu'une maigre quantité d'énergie, soit moins qu'un kilowatt-heure, ou l'équivalent de 0,05 $ d'électricité.

— Tout à fait ! Mais il faut tenir compte d'un contexte social différent. Figure-toi que la Rome de la Renaissance est beaucoup plus turbulente que l'Égypte ne l'était 4000 ans auparavant. De plus, le climat commence à subir un refroidissement qui va s'accentuer pendant deux siècles. Dans ces conditions peu propices à une planification serrée, les calculs budgétaires sont soit biaisés pour favoriser le projet du pape, soit proprement escamotés, si bien que l'endettement monte de façon inquiétante.

Le crédit et les ressources en viennent à manquer, le chantier ne peut être terminé. Les guerres ne rapportent pas assez, malgré tous les efforts de Jules...

— C'est une manie ou quoi ? Périclès aussi avait tapé sur la tête de ses voisins pour financer les célèbres monuments d'Athènes !

— Schéhérazade, si à côté de leur nom qu'ils veulent rendre éternel, les faiseux de monuments étaient obligés d'afficher le coût réel de leurs entreprises, on aurait moins de guerres, de vacheries et de noms de monuments à faire apprendre aux enfants d'école.

Enfin, pour faire face aux engagements financiers découlant de son mégaprojet, Jules avait à sa disposition certains trucs inconnus de Périclès. Ça ne l'a guère avancé au bout du compte, mais il a au moins tenté d'accentuer les rentrées de fonds volontaires plutôt qu'imposées de force. Pour son beau programme de persuasion amicale, voilà donc notre pape qui se met à mousser le marketing des indulgences et la vente des nominations religieuses.

Tellement que cela dépasse carrément les bornes de la décence.

En 1517, un moine augustin nommé Martin Luther, outré de ce qui se passe, prend la parole publiquement pour demander des comptes à la papauté. On dit qu'il a protesté. Tout le mouvement protestant s'en est suivi.

Ma chère Schéhérazade, c'est comme ça que l'Église a perdu son unité. Pour une histoire de tombeau et de chantier l'Europe s'est lancée dans des guerres de religion dont quelques-unes ne sont pas encore éteintes, à ce qu'on dit.

— Moralité, ça peut coûter cher de lancer des projets qui dépassent la mesure ! Et si Edison était né plus tôt, Martin Luther aurait été bien embêté...

— C'est toi qui le dis, Princesse. En un sens, si Jules II avait eu à sa disposition les machines de l'ère contemporaine, Dieu seul sait ce qu'il en aurait fait tant pour détruire à la guerre que pour bâtir à la ville.

Ce que l'on sait toutefois, c'est que partout dans le monde actuel, le développement urbain a tendance à empiéter sur le sol arable. Il devient très difficile sinon impossible de gérer des villes qui dépassent parfois dix millions d'habitants et pourtant, les preneurs de décisions veulent généralement tout mettre en œuvre pour faire grossir leurs agglomérations, leur région ou leur pays, comme si c'était une fin en soi. Rien ne les réjouit davantage que de compter un nombre croissant de chantiers, de pelles mécaniques et de grues.

— Probablement parce que la plupart de ces preneurs de décisions ne sont souvent pas meilleurs que Jules, ni pour le flair, ni pour les chiffres !

— Chaque bloc de la grande pyramide pesait deux tonnes et demie. Compare à cela le fait que les grues modernes, mues par des moteurs puissants, soulèvent 500 tonnes d'un seul coup — l'équivalent de 250 blocs qui ont fait trimer si dur les Égyptiens — et dis-toi bien que toute cette énergie qui n'est plus musculaire mais pétrolière ou électrique, transforme la face du monde avec une intensité qui ferait sans doute hésiter même un pape de la Renaissance. Au prix ridiculement bas qu'ils payent pour l'énergie, pourquoi les pharaons et les Jules de la fin du XXe siècle se priveraient-ils de tout chambouler pour tenter de se prouver qu'ils sont les maîtres ?

Or, une activité ou un objet fabriqué peuvent sembler quasi gratuits en dollars, alors qu'ils entraînent des coûts véritables atrocement élevés. C'est ce qu'on découvre dès qu'on se met à mesurer les conséquences physiques. Laisse-moi te citer une revue scientifique du XIXe siècle où il est dit, à propos des arbres de Californie :

« Comment remplacera-t-on les forêts de séquoias quand la demande insatiable du commerce les aura décimées ? Au Japon, quiconque coupe un arbre doit en planter un autre, mais il n'y a pas de législation comparable en ce pays. »

La revue en question, *The Scientific American,* annonçait quelques pages plus loin une étonnante réalisation d'un certain professeur Graham Bell, qui prétendait avoir transmis la voix humaine sur un fil entre deux maisons.

Le numéro que je te cite est paru au mois de septembre 1876. Entre toi et moi, dans le siècle qui a suivi, les développeurs du téléphone ont moins eu les pieds dans la même bottine que les protecteurs des arbres !

Ce qui nous ramène à ton songe, chère Schéhérazade. On a beau bâtir en pierre, comme Jules II, ou en ciment et en béton, comme les Romains et les ingénieurs du XXe siècle, à cause des échafaudages et des coffrages, ça coûte du bois, du bois et encore du bois. Au Canada, les dernières statistiques indiquent que le bois d'œuvre, coupé pour la construction — poteaux de téléphone compris — représente deux fois et demie le volume coupé pour faire du papier.

Entre-temps, faible consolation, les chênes plantés en allée à Versailles sur les ordres de Colbert, pour assurer une provision suffisante aux descendants du Roi-Soleil qui auraient pu, un jour, vouloir équiper leurs vaisseaux de mâts d'une taille convenable, viennent d'arriver à maturité, 300 ans plus tard.

Je ne te dis que ça, et te souhaite de beaux rêves.

Le récit du Génie — Nocturne III : Le besoin de bouger

Le troisième soir, le Génie apparut chez Schéhérazade comme il en avait maintenant l'habitude et à toute allure aborda directement un troisième thème, le besoin de bouger.

— J'ignore, Princesse, si ta vie de palais te permet de bouger assez pour que ton cœur, tes poumons et tes muscles restent en forme. Par contre, ce dont je suis sûr, c'est que, sans être des gazelles, vous, les humains, n'êtes pas bâtis pour l'immobilité.

L'humanité dispose de vingt modes de locomotion qui lui sont propres, selon Desmond Morris, qui les énumère dans *La clé des gestes*[2] :

« *1. Se traîner ; 2. Ramper ; 3. Chanceler ; 4. Marcher ; 5. Le pas de promenade ; 6. Le pas traînant ; 7. Le pas rapide ; 8. La course ; 9. Le trot ; 10. Le sprint ; 11. La pointe des pieds ; 12. Le pas militaire ; 13. Le pas de l'oie ; 14. Le saut ; 15. Le sautillement ; 16. Le petit saut (la gambade) ; 17. L'escalade ; 18. Le balancement ; 19. L'acrobatie (comme marcher sur les mains) ; 20. La nage.* »

---

2. Paris, Bernard Grasset, 1978.

Ajoute à cela que les skis, les patins, les raquettes et les pattes de grenouille permettent aux humains d'augmenter le rendement de leur énergie musculaire à très bon compte — en effet, la fabrication de cet équipement relativement simple nécessite très peu d'énergie. Tu conviendras donc que vous êtes des privilégiés sous le rapport de la capacité de se déplacer.

C'est à pied que tes semblables ont commencé à envahir la planète, il y a plus de 500 000 ans. Depuis lors, vos embarcations, vos montures, vos véhicules, vos avions et vos fusées se sont rapidement succédé pour vous permettre d'aller plus loin, d'aller plus vite, de faire plus de bruit, bref, de dépenser plus d'énergie. Ça ne semble jamais vouloir plafonner.

Depuis des temps immémoriaux, l'armée et la marine ont été à la fois les grandes commanditaires et les grandes bénéficiaires de la recherche et du développement visant à mettre au point de nouveaux moyens de transport.

Le *skidoo* de l'inventeur québécois Armand Bombardier semble être l'exception qui confirme la règle. Son auteur l'a mis au point parce qu'il rêvait de simplifier l'existence aux habitants du grand Nord. Un de ses bons amis, missionnaire auprès des Inuit, l'avait sensibilisé à la « nordicité » et aux traîneaux à chiens. D'où le nom de *skidog* apposé à l'arrière du prototype. La partie inférieure du « g » s'étant détachée, on négligea de la remplacer : le mot *skidoo* était né !

À première vue, donc, pas d'armée dans ce dossier, si on excepte l'« armée du Christ » où tous les Québécois du temps, pas seulement Bombardier et son copain missionnaire, étaient enrégimentés. Mais on peut le répéter, c'est une exception ! La marine et l'armée, de concert avec l'aviation, payent volontiers plus d'un milliard de dollars pour certains équipements de transport de troupes ou de bombes qui font travailler tant de gens et qui représentent de si belles occasions de distribuer des contrats de guerre — ou de défense comme ils préfèrent dire — que presque personne n'ose demander si le jeu en vaut la chandelle.

Mais laissons là cette partie déprimante du tableau du transport, pour ne retenir que l'aspect civil, c'est-à-dire non militaire, de cette question. En gros, les humains veulent soit se déplacer eux-mêmes, soit déplacer des biens et marchandises.

Côté transport personnel terrestre, on a le choix, jusqu'au milieu du XIXe siècle, de dépenser ses propres calories ou de dépenser celles des autres. Les chiens, premiers animaux à être domestiqués, ont évidemment été mis à contribution. Puis ont suivi les ânes, les bœufs, les chevaux, les dromadaires, les chameaux et les éléphants.

Les calories des humains qui s'esquintent pour que les plus puissants de leurs semblables s'épargnent effort et pieds sales ont aussi joué leur rôle : chefs portés en triomphe, *sedia gestatoria,* chaise à porteurs, pousse-pousse, et quoi encore !

L'arrivée de la machine à vapeur va changer brutalement le paysage, au XIXe siècle. En brûlant d'abord des arbres et par la suite du charbon, les humains parviennent à faire avancer sur rails d'énormes locomotives qui tirent des wagons où plusieurs classes de confort attendent les passagers. Le transport de masse et la bienveillance des pouvoirs publics donnent l'occasion aux compagnies de chemin de fer de s'octroyer d'étonnantes capacités de planifier des services intégrés, y compris des établissements hôteliers.

Un peu plus tard, l'apparition de la bicyclette apporte la mobilité aux individus sans qu'ils aient à s'astreindre aux horaires et aux tracés des transports en commun. La bicyclette est, à tous égards, un des sommets de l'ingéniosité humaine. Je te signale que cette invention s'approche de celle du ski et du patin, en ce sens qu'on va plus loin avec moins de calories.

— À condition d'être sur une surface convenable !

— Évidemment ! Aller plus loin avec moins de calories, c'est, par définition, la preuve que le rendement de la bicyclette est avantageux.

La prochaine invention est résolument d'inspiration contraire : pour passer d'un point à un autre, un automobiliste réclame de 25 à 100 fois plus de calories que s'il allait à pied.

— Pour parler comme toi, Génie, je peux donc affirmer que le rendement d'une voiture est proprement désastreux.

— Et comment donc ! D'abord, en plus des gens, on doit déplacer une auto en général très lourde ; d'autre part, plus on va vite, plus la résistance de l'air dissipe l'énergie par friction. L'auto brûle à peu près 10 000 Calories au litre, car son énergie est tirée de la combustion de l'essence.

Au moment où je te parle, seulement 7 % de la population de la planète a accès à une voiture privée. Cela semble peu, mais, crois-moi, c'est beaucoup. Comme ces machines sont concentrées à certains endroits, on a beau couper des arbres pour leur ouvrir des autoroutes et des boulevards, il n'est pas rare de voir des automobilistes aller moins vite qu'à pied, à cause des embouteillages !

— Belle avance !

— Mais si tu savais le prestige que l'auto confère à ses propriétaires ! Le preux chevalier sur son cheval, prêt à convoquer en duel tout ce qui bouge pour se prouver que la vie a un sens, n'est rien à côté de l'automobiliste.

Pour être juste, toutefois, il faut admettre que l'auto rend des services, sans quoi elle ne se serait pas si facilement imposée là où la densité de population et le pouvoir d'achat le permettaient. Aux humains, elle n'a pas seulement apporté le prestige : elle leur a offert des économies de temps et l'évasion hors des villes, d'où le niveau de diffusion fulgurant qu'elle a enregistré.

— Malgré les embouteillages dont tu parles, c'est toujours un succès, alors ?

— Écoute la suite, Princesse ! La concurrence déloyale que les moteurs à combustion ont menée contre le moteur musculaire de leurs propriétaires a entraîné d'étranges conséquences. Laisse-moi t'entretenir de deux d'entre elles, choisies parmi les plus cocasses.

En premier lieu, voyons les économies de temps. Oui, on gagne souvent du temps à rouler en voiture sur 10 kilomètres plutôt que de marcher 10 kilomètres. On épargne aussi ses propres calories, on l'a déjà vu. C'est là que ça se gâte ! Les humains ont besoin d'exercice. Quand leurs muscles ne fonctionnent pas de façon régulière, leurs tuyaux s'encrassent. Résultat : certains gagnent trente minutes par jour, épargnent des milliers de leurs propres calories, deviennent gros et malheureux et meurent parfois 15 ans trop tôt.

— Pour quelqu'un qui voulait gagner du temps, ça s'appelle être servi !

— Voyons maintenant l'évasion hors des villes. Les humains sont tous descendants de nomades et, des dizaines de milliers d'années plus tard, il y paraît encore. L'évasion et le plaisir de changer de place ne sont pas près de disparaître, du moins chez ceux qui en ont les moyens.

Le besoin de bouger est inscrit dans vos gènes, mais il s'amplifie à l'occasion, quand il se combine à la réaction de fuite propice à assurer votre survie. Ainsi, l'évasion par temps chaud a longtemps visé à échapper aux microbes autant qu'à la chaleur. Choléra, typhoïde, polio... En plein XXe siècle, même en Amérique du Nord, les populations citadines sont souvent tombées victimes de maladies quand la température favorisait la prolifération des micro-organismes.

Il existe également une évasion par temps froid qui se divise en deux tendances distinctes : fuir vers la neige pour faire du sport ou simplement prendre la direction des zones tropicales, pour fuir la neige. Air pur, plages, verdure ou neige blanche, c'est le genre de carotte qui rend le reste de l'année tolérable. L'utilisation de moyens de transport, tels l'automobile et l'avion, a permis à des millions de gens d'y avoir accès. L'entreprise privée et les pouvoirs publics s'activent à planifier les phases d'expansion du tourisme à travers le monde. Et voilà que l'on découvre que l'air pur, les plages, la verdure ou la neige blanche sont en train de se faire piéger par ce que j'appellerais le fumier des chevaux-vapeurs.

— Qu'est-ce que le fumier des chevaux-vapeur, je t'en prie ?

— Quand on fait tirer son carrosse par des esclaves ou des animaux, il faut bien prendre garde qu'ils ne manquent ni d'énergie, ni d'oxygène.

— Ça, je l'ai bien compris : on les nourrit et leurs muscles convertissent l'énergie de la nourriture, autrement dit les calories, pour effectuer le travail qui consiste à avancer avec leur charge.

— Voilà ! Mais ça n'arrête pas là. Je ne t'apprends pas que les esclaves ou les animaux, dans le cycle de l'énergie qui leur est propre, expulsent, en plus des gaz de respiration, des résidus liquides et solides.

— Jusque là, pas de problème, je te suis.

— Pour les besoins de la chose, convenons du mot fumier pour les rejets des machines à l'ancienne, les machines animales.

— D'accord.

— Il n'y a pas que les animaux à faire des rejets. Les machines de transport modernes en produisent aussi. Le fumier des machines modernes est surtout gazeux. Il s'échappe tout chaud d'un tuyau et part au vent sans qu'on ait à le balayer ou à le vidanger.

Pendant longtemps, mis à part les dangers mortels associés aux moteurs à explosion fonctionnant dans des espaces clos, nul ne s'est préoccupé des fumiers gazeux, sauf les marginaux qu'on faisait taire en les ridiculisant. Comme toujours, cette belle insouciance, nourrie d'abord et avant tout d'ignorance, n'a pu se maintenir très longtemps. Depuis une vingtaine d'années, les informations sur les dangers présentés par le plomb et d'autres produits toxiques refont surface et il devient clair qu'au lieu de les relâcher dans l'atmosphère, on ferait mieux de les éliminer.

À pas de tortue, mais néanmoins en avançant dans une direction qui laissait entrevoir des possibilités de nettoyer tout ce fumier de ses éléments dangereux, différentes modifications ont donc été apportées aux autos et aux camions.

— Ça s'arrange, alors !

— Crois-tu ? La dernière nouvelle, très chère Princesse, c'est que le fumier, y compris le CO_2 qu'on croyait inoffensif, est en train de s'accumuler autour de la terre. Ça n'a l'air de rien, mais ce gaz laisse entrer la chaleur du Soleil comme la vitre d'une serre et, exactement comme dans une serre, la chaleur s'emmagasine.

Les gens qui ont perfectionné la culture en serre te diront qu'ils prennent grand soin de ventiler les lieux ou de les tempérer par des pare-soleil, le cas échéant. Ils savent très bien qu'ils vont perdre toutes leurs plantes si l'énergie emmagasinée, la chaleur, les calories — qui sont trois façons différentes de dire la même chose — dépassent la limite du tolérable.

— On sait donc ce qu'il faudrait faire ?

— Crois-tu vraiment ?

— Évidemment, personne ne peut ouvrir une trappe dans la couche de CO_2 pour laisser les calories s'échapper ! Ou installer des stores dans l'atmosphère pour pouvoir les tirer quand les calories entrent trop vite.

— Ce qui signifie ? Je te laisse deviner. Que va-t-il se passer, ma chère Schéhérazade ?

— Les humains vont devoir se débarrasser complètement du CO_2 ?

— Ce serait trop demander. À chaque respiration, tu fabriques du CO_2, vois-tu.

— Ce n'est donc pas un gaz qui m'est contraire ?

— Pas en soi : le CO_2, c'est ça qui fait pétiller le champagne et les eaux gazeuses. Le CO_2 est utilisé par les plantes pour leur croissance. Je l'ai traité de fumier et je me répète : c'est du fumier. Indissociable de la vie ; utile ou dommageable, tout dépend de l'usage qu'on en fait et de la concentration accumulée.

— On peut dire la même chose pour bien des phénomènes que tu m'as décrits jusqu'à maintenant.

Au fond, ça nous ramène à l'ancien comportement du Sultan. Désirer une femme ou en désirer plus d'une dans toute une vie, c'est naturel, tout le monde passe par là. L'intolérable est venu surtout de la manière de procéder, pour fuir ses responsabilités. Sais-tu, plus j'y pense, plus la quantité a quelque chose à voir là-dedans : quand la quantité dépasse la mesure, personne n'est équipé pour faire face aux responsabilités. Alors on se lave les mains de tout et on fait des horreurs.

Avant que je ne m'en mêle — et c'est bien ça le pire — le Sultan ne se cassait pas la tête, il refusait d'admettre le problème.

Génie, ne pas savoir s'arrêter tant qu'on n'a pas compris

que son propre intérêt est en jeu, est-ce naturel, ça aussi ?

— Tu viens de lâcher là des mots qui pèsent lourd. Es-tu prête à parier que les humains vont trouver naturel de protéger leur propre intérêt ?

— Pourquoi pas ?

— C'est ce qu'on va bientôt savoir. Je te signale, ma chère Schéhérazade, que la Terre, emmitouflée dans votre CO_2 et vos autres rejets, a la fièvre. Et la fièvre pourrait grimper vite : tous les records météorologiques risquent d'être fracassés.

Si le thermomètre continue de grimper, il est fort possible qu'au cours des prochaines décennies, certaines des zones les plus peuplées du globe vont se faire inonder. Certains glaciers vont fondre partiellement, ce qui va envoyer plus d'eau à la mer. Le niveau de l'eau s'accroîtra d'autant plus que, comme le veut une loi de la physique, l'eau de l'océan gonfle avec la chaleur.

À la vitesse où les changements peuvent se produire, la végétation risque de ne pas savoir s'adapter. Ceux qui prétendent ne pas pouvoir fonctionner sans s'offrir plusieurs fois par année leur évasion favorite auront-ils l'esprit assez agile pour combattre le rétrécissement de l'air pur, de la verdure, des plages et de la neige blanche ? Ne vont-ils pas plutôt continuer de confier leur fumier au ciel en se fiant sur quelque invocation magique pour régler le problème à leur place ? C'est ce que nous verrons demain, si tu le permets !

Le récit du Génie — Nocturne IV : Le besoin de se chauffer

C'est presque en ricanant que le Génie fit son entrée, la nuit suivante.

— Toute belle, me voici ! Il n'a pas fait trop chaud, au moins, ici, depuis mon départ ? À te regarder, on ne peut vraiment pas deviner. Un jour, il faudra que tu m'expliques ton truc pour toujours sembler fraîche comme la Lune.

— Te voilà soudain bien effervescent, Génie ! Peut-on savoir pourquoi ?

— Je commence à prendre goût à nos rencontres nocturnes. Je me sens tout feu tout flamme ! Surtout que nous voilà rendus à aborder le besoin de se chauffer que tes semblables éprouvent.

— Mes semblables ont sans doute besoin de se chauffer, puisque tu le dis. Pour ma part, malgré ta remarque de tantôt, c'est le besoin de me rafraîchir que j'éprouve le plus souvent.

— Tu ne perds rien pour attendre. Nous n'allons pas oublier la fraîcheur, c'est promis.

Nous disions donc que les humains veulent contrôler la température. Aider la Nature, en quelque sorte, puisque la Nature leur fournit déjà une température constante.

— Allons donc ! Viens avec moi mesurer à midi et à minuit sur le sable du désert, qu'on voie si, oui ou non, la température est constante !

— Je n'ai pas parlé d'air ambiant ! Je te parle de la température de l'organisme qu'est le corps humain. Comme tous les animaux à sang chaud, vous avez un thermostat interne. Cela vous permet d'évaporer de la sueur quand il fait chaud et de grelotter quand il fait froid. Dans les deux cas, il s'ensuit un ajustement de votre dépense énergétique, pour maintenir le corps à une température constante.

Les calories que vous brûlez sont dosées d'une manière admirable, bien qu'involontaire — certains diront parce qu'involontaire ! Pourtant, à première vue, on vous croirait désavantagés, à cause de votre anatomie. Votre pelage est quasi inexistant, tu en conviendras. L'isolant dont vous disposez diffère radicalement de celui de vos cousins les singes : ils se protègent par la fourrure, vous, par le gras.

Les humains ont l'honneur d'être les seuls primates pourvus d'une couche adipeuse sous-cutanée. Certains se plaignent de cette partie de votre anatomie qui peut facilement devenir disgracieuse. Pourtant, d'autres la valorisent. Ainsi, les nageurs en eau froide ont développé l'habitude de s'enduire le corps de graisse pour augmenter cette couche adipeuse. Résultat : par ce simple artifice, ils parviennent aisément à ralentir leurs pertes en calories, avantage à ne pas négliger quand on entreprend de traverser la Manche ou le lac Saint-Jean à la nage.

Parlant d'artifices, vos premières parures ont certainement été plus décoratives que fonctionnelles, mais depuis que tes ancêtres se sont mis en tête de quitter les régions tropicales humides, ils ont bien été obligés d'inventer des milliers de façons de se vêtir pour parvenir à s'isoler du froid et du soleil excessif. Une fois que les moyens mis au point eurent réussi à protéger votre corps contre les chocs thermiques, crois-tu que vous vous êtes déclarés contents ? Que vous avez cessé de vous plaindre de la température ?

Allons donc ! Au lieu de vous adapter à votre milieu, vous tenez *mordicus* à adapter votre milieu à vos préférences ou, comme vous préférez le dire, à vos standards. Ça vous a menés loin, ça, Madame. Mais c'est tout innocemment que vous avez commencé : par le contrôle de l'air ambiant.

Le contrôle de l'air ambiant n'est d'ailleurs apparu qu'après le moment où vous avez commencé à tirer parti du feu. Selon des vestiges retrouvés en Chine, en Hongrie et en France, ça fait au moins 400 000 ans que vous savez entretenir le feu. Tombé du ciel avec la foudre ou surgi du ventre de la Terre par les cratères des volcans, le feu dévaste et régénère tout à la fois. On suppose que comme les autres animaux, pendant des millions d'années les humains l'ont regardé passer ou l'ont fui quand il le fallait, attendant que la pluie le neutralise.

À travers les cultures, ce sont à des vestales et à des vierges, sages ou folles, qu'on a confié la garde du feu sacré en l'honneur d'une grande innovatrice, la première de tes ancêtres qui a décidé d'entretenir le feu en y jetant des herbes sèches et des branches. Elle n'avait probablement pas d'autre motif que de suivre l'inspiration du moment et de voir ce qui allait arriver.

— Et alors ?

— Et alors, ce qui devait arriver arriva : le jour a changé, les mœurs ont changé, les enjeux ont changé...

— De quoi parles-tu, Génie ?

— Analysons quelques nouveautés une à une, Schéhérazade. Du moment où ta grand-mère a conquis le feu, la longueur du jour, réglée jusque là par le Soleil, passa partiellement sous contrôle humain. C'est fini de se coucher comme les oiseaux quand le Soleil se couche. Dorénavant, vous vous coucherez quand vous voudrez, puisqu'avec le feu, la lumière est passée sous votre contrôle.

— Ah bon ! Oui, la différence est de taille. Mais ça ne change pas tout, quand même ! On décide quand se coucher, mais on n'abolit pas le besoin de sommeil.

— Ceux qui ont tenté cette innovation-là — crois-moi, tout a été essayé — ceux-là sont morts d'épuisement sans laisser de descendants.

— Depuis le feu, nous contrôlons partiellement la lumière et d'autres phénomènes, je te le concède. À ton tour, tu dois admettre que nous continuons d'être contrôlés malgré nous par notre thermostat interne ou notre horloge biologique.

— Bien sûr qu'ils continuent de vous contrôler, pour votre plus grand bien d'ailleurs. N'empêche que le feu, dans une foule de domaines, multiplie vos choix. Songe un peu à votre façon de manger. Non seulement le feu vous a aidés à développer des techniques de chasse au grand gibier, mais il vous a fait contracter des habitudes alimentaires qui durent toujours.

Avant le feu, les humains mangeaient froid, sauf pour le lait maternel qui est tiède ou pour le gibier consommé sur-le-champ, avant que sa chair ne se refroidisse.

Après le feu, c'est inimaginable le nombre de variations que vous avez tentées et très souvent adoptées au plus profond de votre subconscient... Ces nouvelles habitudes ont eu pour effet de vous sculpter sérieusement la personnalité, ma chère ! Sans ta grand-mère inconnue qui en a lancé la mode, comment pourrait-on expliquer, par exemple, qu'encore aujourd'hui, et probablement plus que jamais, une soupe ou une boisson chaudes sont censées procurer réconfort et refuge psychologique à tes semblables ?

Nombre de vos fantaisies, donc, remontent en ligne directe jusqu'au feu, tout comme vos connaissances d'ailleurs. Avec le feu, votre compréhension des caractéristiques physiques et chimiques de l'univers a dû s'accroître rapidement.

D'une part, il y a les principaux combustibles qu'on doit tester et cataloguer mentalement ; d'autre part, il faut comprendre les vertus de l'eau et du sable et en garder tout près, pour empêcher le feu de se propager. Mais ce n'est pas tout. Les noix et les graines qui éclatent, les résines qui brûlent longtemps, les pierres qui accumulent la chaleur sans se consumer, l'argile qui durcit en cuisant, l'effet du vent sur la flamme et sa propagation, ça en fait des choses à observer et à mémoriser. Tout ce répertoire technologique commence à faire partie de l'héritage humain.

Remarque, Schéhérazade, que ce répertoire technologique devient une nécessité indissociable de l'arrivée du feu dans vos modes de vie. Qu'il n'a rien de facultatif : le feu impose une meilleure connaissance du monde. Il impose surtout une meilleure connaissance des pulsions et des limitations de l'humanité. Pense au comportement des enfants qu'on doit protéger du feu ou au problème des incendiaires. *Ceux qui ne veulent pas comprendre et qui, par conséquent, ne peuvent pas gérer le feu, vont périr par le feu !*

— Tu veux dire qu'ils peuvent se brûler ?

— Ils peuvent se brûler, ils peuvent détruire leur milieu, ils peuvent littéralement, en quelques instants de rage ou d'inadvertance, l'intention n'a rien à y voir, créer l'enfer autour d'eux et y rester en compagnie de tous leurs proches.

— Pour quelqu'un qui rêve de s'offrir un peu de chaleur et de confort, provoquer un feu de savane ou de forêt qu'on ne peut plus éteindre, ça s'appelle vraiment dépasser ses objectifs ! Dis donc, Génie, est-ce que ma grand-mère n'aurait pas mieux fait d'oublier tout ça ?

— Tu parles comme les Grecs, Schéhérazade. Les Grecs blâmaient Prométhée et la curiosité de Pandore. Ils oubliaient que même si Pandore avait supprimé toute trace de sa curiosité, ça n'aurait pas empêché la foudre et les volcans d'allumer ailleurs d'autres incendies. Donc de remettre dans les mains du genre humain l'énergie concentrée qu'est le feu.

Prométhée ou Pandore, ce sont de ces chimères que vous aimez bien fabriquer pour vous défouler ou vous laver les mains, Princesse. Mais il n'y a ni Prométhée ni Pandore, ce serait trop facile. Il y a le genre humain qui, en 400 000 ans de gestion du feu, devrait avoir saisi certaines règles de l'art. Il y a le genre humain dont le feu se nourrit, comme hier, de vent, d'herbes et de branches, dont le feu s'est, en plus, brusquement mis à réclamer du charbon, de l'huile, de l'essence, du gaz, de la dynamite, des barrages et des atomes.

Et dans ce *crescendo* assourdissant, Princesse, il y a le genre humain qui dispose d'environ 400 semaines, parole de Génie, pour se décider à respecter les règles de l'art que ses ancêtres ont péniblement découvertes depuis 400 000 ans ! Ou alors, il va...

— Génie, est-ce pour ne pas m'effrayer que tu ris en disant ça ?

— Cesse de jouer les oies blanches, Schéhérazade ! Je suis votre docile serviteur à vous les humains, mais le jour où certains de mes maîtres recevront ce qu'ils méritent... Enfin, toi qu'on dit fine psychologue, pourquoi voudrais-tu que les dociles serviteurs se retiennent de rire aux larmes à la seule idée de se débarrasser, pour de bon, de leurs imbéciles de patrons ?

— C'est classique, le malheur des uns... Mais où en étions-nous ?

— On en était, Princesse que j'adore, au fait que ceux qui ne peuvent gérer le feu vont périr par le feu. Nous y reviendrons. En attendant, laisse-moi terminer ce que j'avais à te dire sur les moyens récents que vous mettez en œuvre, vous les humains, quand vous recherchez chaleur ou fraîcheur. Il se coupe encore des arbres pour chauffer les humains, Princesse, mais dans les sociétés industrielles, ce n'est guère plus qu'un vestige folklorique.

— J'ai noté qu'au Canada, par exemple, moins d'un arbre sur vingt servait au chauffage. Pourtant, il y a 100 ans, les Américains tiraient de leurs forêts autant d'énergie que toute celle qu'ils produisent par leurs barrages aujourd'hui.

— Ce qui était beaucoup par habitant, quand tu considères que les États-Unis d'alors avaient moins d'habitants que le Canada d'aujourd'hui. Par contre, en Europe, les arbres n'arrivaient plus à pousser assez vite depuis belle lurette : l'utilisation du charbon a débuté avant l'an 1400. Pendant des siècles, malgré le sacrifice de millions d'arbres, ceux qui bénéficiaient du confort de la lumière et de la chaleur ne représentaient qu'une petite minorité.

À Londres, pendant les cinquante premières années du règne de Victoria, les travailleurs n'ont pas les moyens de s'éclairer, même pas à la chandelle de suif. Leurs logis sont aussi, sinon plus noirs, qu'en plein Moyen Âge. Pourtant, le gaz passe dans les rues de Londres, mais on prend bien soin de n'y raccorder que les riches.

C'est alors que se produit un virage technologique majeur : l'éclairage électrique se met à chiper ses meilleurs clients au réseau de gaz. Pas de suie ni d'odeur, pas d'explosion ; on comprend que le choix est vite fait pour ceux qui en ont les moyens.

Devant la baisse de leurs abonnés, les propriétaires des compagnies de gaz cherchent désespérément à rentabiliser leurs investissements et se résignent à démocratiser le confort, à condition de ne pas prendre de risque. Il n'est pas question de faire crédit au monde ordinaire, à qui l'on n'offrira le service qu'après 1890, suite à l'invention du compteur à gaz gobe-sous, sorte de parcomètre installé à domicile, qu'il faut remplir de monnaie avant de pouvoir s'éclairer ou se chauffer !

Princesse, j'espère que tu apprécies à sa juste valeur

l'aimable nonchalance qui a présidé à la diffusion du confort parmi les tiens : 400 000 ans après que ton aïeule ait initié le genre humain aux moyens d'apprivoiser et de conserver la lumière et la chaleur du feu, en 1890, Londres, qui se pique d'être la capitale de la nation la plus riche et la plus impérialiste au monde, commence à peine à organiser l'accès de ces avantages à la majorité de ses citoyens.

L'accès à la fraîcheur artificielle s'est déroulé plus rondement. Entre 1890 et 1900 aux États-Unis, dans les villes du Sud, on apprend à suspendre au plafond des ventilateurs à pales, souvent munis d'ampoules électriques. Dès 1901, MM. Tesla, inventeur du moteur électrique polyphasé, et Westinghouse, dont le nom reste plus célèbre à cause de la marque de commerce, lancent un petit ventilateur électrique portatif qui gagne facilement la faveur populaire : comme le souligne peu après leur publicité, ce ventilateur tourne pour moins d'un quart de cent à l'heure.

Ça ne prend pas cinquante ans pour que la climatisation devienne la marque de commerce de l'*American way of life.* Vers 1967, tiens, la croissance annuelle de la climatisation dépasse 20 %. La demande fait plus que doubler entre 1967 et 1971.

La mode de la fraîcheur s'est répandue comme une traînée de poudre. Les volets et la sieste sortent du vocabulaire. La population se déplace vers des régions jugées presque inhabitables peu de temps auparavant. On multiplie les fenêtres panoramiques, on les oriente plein sud ; on bâtit des gratte-ciel de verre. Plus personne ne se préoccupe de tirer les rideaux ou les stores, même en juillet à midi. Il faut souvent s'habiller de laine pour ne pas grelotter dans les bureaux, les bibliothèques ou les magasins, alors qu'il fait une chaleur torride à l'extérieur.

Et tout ceci n'est possible qu'en multipliant

frénétiquement le nombre de centrales qui brûlent du charbon, le nombre de centrales qui inondent les forêts et, dernière nouveauté, le nombre de centrales nucléaires qui promettent à tout le monde et son père de l'énergie à gogo à un coût toujours plus avantageux !

— Est-on bien sûr que les coûts sont de plus en plus avantageux ?

— Leurs pseudo-coûts avantageux sont une fraude monumentale, Schéhérazade. Ils ont mis au point une façon de compter qui se fout de la réalité, autant que Pharaon se fichait du commun des mortels ou que Jules se contrefichait des âmes du Purgatoire. Ils ne comptabilisent que ce qui leur chante et escamotent *prestissimo* tout ce qui les dérange.

Où crois-tu qu'ils ont mis le coût de la face cachée de l'énergie ? Sous le tapis, Princesse, et ils se croient malins ! La fièvre de la planète, ils vont la facturer comment, hein ? Le CO_2 des centrales électriques nord-américaines a quadruplé entre 1955 et 1985. Les autres gaz que crachent leurs cheminées ont contribué aux pluies acides qui font des ravages là où le vent rabat les nuages.

Et je ne t'ai pas encore parlé de leurs déchets solides : le bouquet, c'est que leurs centrales nucléaires font un fumier radioactif qui présente des dangers pour des centaines de milliers d'années et que l'uranium enrichi et le plutonium se baladent par train, par camion, par bateau, sans que personne ou presque ne se sente concerné.

Ils trouvent ça avantageux. Illuminer un arbre qu'ils ont coupé exprès pour fêter Noël ou placer un climatiseur ultra-puissant au-dessus d'une cheminée où brûlent de belles grosses bûches pour égayer une villa en Floride ou à Las Vegas, pour eux ça fait partie des services essentiels !

— Il n'y a plus rien pour les arrêter, alors ?

— Tu sais ce qu'ils ont l'habitude de dire en Amérique

pour décrire les excès les plus retentissants ?

— Non, je ne sais pas.

— Ils disent : *The sky is the limit.* Voilà, c'est justement ce qui est en train de les arrêter. Le ciel en a ras le bol et commence à le leur faire sentir.

— Et ça marche ?

— Ça va marcher ou ça va craquer ! C'est loin d'être clair, mais il y a des développements intéressants. Mon plus bel exemple, je le sors de la réfrigération-climatisation, tiens, et des trouvailles d'un ingénieur américain, Thomas Midgley. Thomas Midgley avait déjà à son crédit l'idée d'ajouter du plomb tétraéthyl à l'essence, pour empêcher les moteurs de cogner. Cette invention des années 20 a d'abord été interdite, car l'empoisonnement au plomb est un danger que les humains connaissent depuis 2000 ans. Mais Thomas Midgley a réussi à convaincre le *Surgeon General* des États-Unis que son additif ne ferait de mal à personne et il a fait lever le moratoire qu'on lui avait imposé. Cinquante ans plus tard, il fut enfin admis qu'on n'aurait pas dû laisser passer. On a donc commencé à légiférer pour sortir le plomb de l'essence.

— Génie, tu exagères. On soupçonnait le danger dans les années 20 et on a toléré l'utilisation d'un produit nocif jusqu'aux années 70 ?

— Mets-en ! Le Canada et les États-Unis arrivent à peine à faire disparaître le plus gros du plomb dans l'essence. Pire encore, dans la plupart des pays du monde, l'essence au plomb reste reine et maîtresse.

Tiens, en Europe, il n'y a pas cinq ans que la reine d'Angleterre a fait savoir à son bon peuple que désormais elle n'utiliserait plus que du sans plomb dans ses Rolls pour donner le bon exemple. Quant à l'Amérique latine ou à l'Asie, j'aime mieux ne pas en parler.

Des excuses, vous en avez toujours. Et des bonnes ! Il y

avait peu de moteurs en 1922 quand Tom Midgley et les pétrolières ont eu la permission d'aller de l'avant. En plus, les additifs au plomb ont permis de réaliser des économies d'énergie absolument phénoménales.

— Dis ce que tu veux, Génie, si le *Surgeon General* avait exigé un réexamen périodique de la situation, les dégâts seraient moins longtemps passés inaperçus et on aurait compris plus tôt qu'il valait mieux changer de recette !

— Écoute, écoute, le meilleur est à venir... Vers 1930, alors qu'il passait encore pour un héros, ce même chimiste établit qu'une substance quasi miraculeuse nommée chloro-fluoro-carbone (CFC) pouvait servir à la réfrigération. Tout le monde s'est entendu pour saluer cette technologie comme extrêmement sécuritaire. Pas de problèmes avec les CFC. Ils ne sont ni toxiques, ni inflammables, ni corrosifs. Qualités d'autant plus recherchées que l'ammoniac dont on se servait auparavant était un poison vif.

Les réfrigérateurs, les climatiseurs, les thermo-pompes, les systèmes de conditionnement d'air des gratte-ciel et autres bâtiments, les camions réfrigérés et les congélateurs se sont mis à la mode des CFC. On en a produit des millions de tonnes et on les a laissés se déverser dans le décor. Sans aucune arrière-pensée, jusqu'en 1974.

C'est alors que des soupçons sont venus à certains chercheurs et que, pour la deuxième fois en peu d'années, le pauvre Thomas Midgley a perdu son titre de bienfaiteur de l'humanité. Sache, Princesse, qu'au moment où je te parle, le mot d'ordre est *Halte aux CFC !* En 1987, une vingtaine de nations se sont réunies rue Sherbrooke, à Montréal, au siège de l'Organisation de l'aviation civile internationale (OACI), pour endosser le Protocole de Montréal afin qu'on se débarrasse vivement des CFC.

— En quel honneur ?

— En l'honneur que les CFC sont tellement magiques qu'ils montent au ciel.

— Intéressant ! Et alors ?

— Et alors, à 25 kilomètres de la Terre, ils se mettent à manger de l'ozone.

— C'est bon, l'ozone ?

— Tu parles si c'est bon. Les CFC trouvent ça super. Une molécule de CFC est capable de bouffer 300 000 molécules d'ozone. Ce qui est moins super, c'est que l'ozone autour de la planète, c'est aussi vital que la peau autour de ton corps, Schéhérazade.

L'ozone à 25 kilomètres dans les airs, c'est bon pour toi, c'est bon pour les plantes, c'est bon pour les animaux. Quand je dis bon, c'est loin d'être assez. De fait, il faudrait dire irremplaçable : sans ozone, le soleil perturberait la vie sur Terre presque aussi vite que si tous les océans commençaient à tourner à l'eau de Javel.

La dernière, comme je te le disais, c'est que l'ozone fout le camp à cause de vos CFC de malheur. Parce que vous vouliez contrôler l'air ambiant, parce que vous aimiez vos aises, vous êtes en train de changer la face du ciel.

Quand Suzan Salomon, qui dirigeait les travaux de mesure de l'ozone au-dessus du Pôle Sud, eut fini de mettre le résultat des lectures que son équipe avait amassées dans un beau programme d'ordinateur, on a pu projeter toutes ces données en images sur grand écran couleur. C'était à faire dresser les cheveux sur la tête et il s'est trouvé des politiciens pour en avoir froid dans le dos.

Le trou dans l'ozone qui danse la danse macabre, avec ou sans accompagnement de xylophone, ça donne à réfléchir, semble-t-il, Princesse. Avant le Protocole de Montréal, je pensais que les humains n'apprendraient jamais à gérer l'énergie.

— Et depuis ?

— Depuis, à cause de ce qui s'est brassé dans l'esprit des humains dans les cinq ans qui ont séparé le Protocole de Montréal du Sommet de Rio, à l'été 1992, je pense qu'il vous reste une chance. Je pense que l'espoir vient encore de sortir de la boîte à malice de Pandore. Pas pour longtemps. Mais si vous vous y mettez, si l'envie de réfléchir avant d'agir vous gagne, sait-on jamais ? Me voici donc moins sûr qu'avant de pouvoir me débarrasser de mes imbéciles de patrons une fois pour toutes.

— Merci, Génie. Ça me fait du bien de te l'entendre dire. Fais de beaux rêves.

— Serviteur.

Tel Méphisto, le Génie quitta les lieux sans laisser de trace.

Le récit du Génie — Nocturne V : Le besoin du marché

Le cinquième soir, en attendant le retour du Génie, Schéhérazade s'approcha d'une fenêtre et se perdit un long moment dans ses pensées. Tant et si bien qu'elle n'eut pas connaissance de l'arrivée du Génie.

— Tu contemples la Lune, Princesse ? C'est vrai qu'elle est belle et attirante, surtout quand elle se lève. À force de se sentir attirés par elle et d'y avoir consacré tant de leurs rêves, les humains se sont rendus la visiter, en 1969.

De là, ils ont pu voir se lever un astre encore plus magnifique : ils ont vu la Terre, Schéhérazade, comme tu vois la Lune. Une Terre bleue, fragile et tellement précieuse, avec son atmosphère, son eau et sa diversité. Ils ont vu leur Mère, la Terre, comme ils ne l'avaient jamais vue. Une mère qu'ils se sont longtemps crus justifiés d'exploiter, comme si c'était son seul plaisir et son seul but, à elle, de les gâter. L'illusion qu'une mère peut toujours tout donner et tout pardonner est en train de se dissiper, Princesse.

— Que veux-tu dire par là ?

— Laisse-moi t'expliquer.

Les enfants se fient sur leur mère pour qu'elle ramasse sans se plaindre tout ce qu'ils s'ingénient à laisser traîner derrière eux.

— Et comment donc !

— N'empêche qu'après des années à faire leur lit, à ranger leurs jouets et à décrasser la baignoire à leur place, une mère normalement constituée finit par vouloir mettre le holà. C'est exactement ce qui est en train d'arriver à l'humanité, Schéhérazade : la Terre ne veut plus — à dire vrai, elle ne peut plus — faire le ménage derrière les adolescents attardés que vous êtes.

En bons adolescents, vous avez décidé d'affirmer votre autonomie en balayant toute notion de responsabilité. Vous avez mis au point un culte de l'innovation pour vous libérer des enseignements de la Terre, parce qu'écouter sa mère, c'est démodé, c'est humiliant et ça ne se fait plus à votre âge.

— Et elle enseigne quoi, la Terre, à ceux qui l'écoutent ?

— Elle leur dit qu'elle est ronde et que par conséquent tout se tient. C'est elle qui a mis au point la Vie, tu vois. Ça lui a pris des milliards d'années et c'est encore elle qui définit les règles du jeu.

Prends le cas de la consommation naturelle des vivants. C'est un grand cycle : les animaux mangent des plantes et rejettent du CO_2 et du fumier. Le CO_2 nourrit les plantes qui en ont besoin pour pousser. Les plantes fabriquent l'oxygène que les animaux réclament. Le fumier, quant à lui, va se laisser décomposer par les bactéries qui en tirent les nitrates et les phosphates dont le sol a besoin pour redonner des plantes, et ça recommence.

On pourrait élaborer, mais en gros, c'est comme ça que ça se passe. Vivants, oxygène, CO_2, fumier, vivants, oxygène, CO_2, fumier, vivants... Ça tourne et ça ne bloque pas.

Les humains ont l'esprit inventif. Ils consomment bien autre chose que la nourriture et, par je ne sais quel entêtement, ils ne veulent pas encore copier ce que la Terre enseigne à propos de la consommation. Partout ils multiplient les blocages.

Faire le tour de la question, empêcher que ça bloque avant de lâcher dans le décor les monstres qu'ils engendrent, ça les dépasse. Pour eux, un cercle, on dirait que c'est trop compliqué. Trop d'humains, ces temps-ci, préfèrent penser en ligne droite : ils fabriquent, ils vendent, ils consomment. Point à la ligne.

Ça les rend tout fiers d'eux. Ils se sont affranchis du cercle que leur mère démodée voulait leur imposer et ça leur donne du prestige auprès de leurs petits camarades. Hélas, les créatures qu'ils inventent ne retournent pas spontanément d'où elles sortent : elles s'accumulent. On estime qu'à tous les cinq ans, chaque habitant d'Amérique du Nord engendre un tas d'ordures du poids de la Statue de la Liberté. Rien que ça !

Le problème vous sauterait vite au visage si vous étiez forcés de garder chez vous tous les objets que vous achetez ; mais pour ne pas les voir, vous les dissimulez sous le tapis. Vous les envoyez à la campagne, pour nier jusqu'à leur existence.

Pense comme c'est bête : la majorité des gens, surtout dans un quartier huppé, n'hésitent pas à se plaindre d'un voisin qui laisse traîner de vieux pneus autour de sa maison. Pollution, qualité de vie, tous les arguments sont bons pour stigmatiser le coupable, jusqu'au jour où la société va le contraindre à se débarrasser des pneus disgracieux.

Sauf que leur enlèvement de la vue des voisins ne règle rien.

Les pneus étant justement conçus pour ne pas se détruire facilement, ils vont persister pendant des siècles et des siècles dans un dépotoir. À moins qu'ils ne passent au feu, ça s'est déjà vu. Les dépotoirs ne sont à l'abri ni des incendiaires, ni des accidents ! Et des pneus qui brûlent, ça brûle longtemps. Tu peux m'en croire, il ne s'agit pas de feux de joie.

Ça ne te surprendra pas, j'espère, d'apprendre que les voisins du dépotoir ne trouvent pas drôle la perspective du nuage dans lequel ils seraient plongés en cas d'incendie. Même le quartier huppé qui pense avoir réglé son problème pourrait bien se retrouver sur la trajectoire de toute cette saleté.

— Il doit pourtant y avoir une meilleure solution.

— Pour l'instant, ils songent à réutiliser les pneus pour en faire divers objets.

— Et quand ces objets seront hors d'usage, que leur arrivera-t-il ?

— Probablement le dépotoir, pour les siècles et les siècles, amen.

— Ça ne règle rien, alors. C'est un cul-de-sac.

— C'est exactement ce que certains humains ont fini par comprendre. Toute la façon de penser la consommation doit être remise à l'étude, en tenant compte sans plus tarder des leçons de la Terre. Mais vous avez la tête dure. Si tu savais ! Même ceux dont c'est le métier de protéger la santé se fourvoient dans des culs-de-sac contraires à la Vie. Les hôpitaux sont probablement les plus grands consommateurs de produits qui ne servent qu'une fois. Ils jettent les seringues, ils jettent les lames de rasoirs, les trucs en plastique, ils jettent, ils jettent, ils jettent... À l'été 1988, certaines plages de la côte atlantique ont dû être fermées parce que ces immondices dont on croyait se débarrasser en les noyant dans l'océan sont revenues à la surface rappeler aux baigneurs qui ne se méfiaient pas que rien ne se crée, rien ne se perd.

— Ouache !

— Tout ce que les humains peuvent faire, malgré toute leur science et leur ambition, c'est de changer les choses de place ou de forme, à condition bien sûr qu'ils trouvent l'énergie nécessaire. Parce que sans dépense d'énergie, les choses ne changent pas de place et elles ne changent pas de forme non plus.

Rien ne se crée, rien ne se perd, Schéhérazade. Mais les fabricants ne veulent rien entendre, on dirait. À preuve leurs emballages ! Chaque année, l'Amérique du Nord consomme 110 milliards de cannettes et de boîtes de conserve. Et le plastique, alors ? Tu n'as pas idée de tout ce qui aboutit au dépotoir. Depuis des décennies qu'on en parle, crois-tu qu'on recycle ? À peine, c'est une véritable farce.

— Mais qu'est-ce qu'on attend ?

— On attend que ça s'arrange tout seul, parce qu'au fond on pense encore que Maman va compenser pour le manque de maturité de ses enfants. Lesquels se bercent d'illusions en se répétant que les humains ont toujours trouvé des solutions.

— Si on n'avait pas trouvé de solutions, on ne serait pas ici.

— Jusqu'à présent, votre découverte la plus marquante se résume à bouffer toujours davantage d'énergie. Comme tous les animaux, vous recherchez d'abord à vous procurer l'énergie sous forme de nourriture : 2000 Calories par jour, c'est à ce prix minimum que vous survivez.

Depuis 400 000 ans, dès l'instant où vous avez conquis le feu, votre consommation d'énergie est montée à

4000 Calories par jour. Moitié nourriture et moitié branches à brûler.

Du temps des pharaons, l'agriculture, les animaux de trait et quelques machines rudimentaires ont mis à votre disposition trois fois plus, soit 12 000 Calories par jour en moyenne par habitant.

Au moment où Jules II règne à Rome, les Européens disposent chacun d'environ 25 000 Calories par jour pour leurs activités, à cause du charbon, des moulins et de la technologie de l'heure.

4000, 12 000, 25 000... Tu me suis ?

L'arrivée de la machine à vapeur et de l'ère industrielle de la deuxième moitié du XIXe siècle pousse la consommation quotidienne de certains pays à 70 000 Calories par jour, par tête.

— Ils ont réussi à rajouter 45 000 Calories par jour, par tête, en l'espace de 350 ans ? Leur appétit s'accélère, on dirait !

— Et ils en sont heureux, si tu savais. Bouffer l'énergie, c'est la satisfaction, c'est le rêve réalisé. Sans calories, sans énergie, on reste le ventre creux, on se passe de pyramide, on se passe de Saint-Pierre de Rome, on se passe de chemin de fer, on se passe de canons sur le champ de bataille.

As-tu déjà rencontré un boulimique, Schéhérazade ?

— Quelqu'un qui dévore tout le temps et se rend malade à force de manger ?

— Est-ce qu'il se rend malade à force de manger ou s'il mange pour oublier qu'il est malade ? La question est loin d'être tranchée.

70 000 Calories, c'est un record qui a tout de suite été défoncé : au moment où je te parle, les habitants d'Amérique du Nord ont triplé les calories nécessaires à leur train de vie par rapport au siècle dernier et ils commencent à

avoir peur de manquer d'énergie.

Leur façon de vivre exige, pour l'alimentation, le commerce, l'industrie et le transport, plus de 200 000 Calories par jour, pour chaque homme, femme et enfant. S'ils s'écoutent, ils atteindront allègrement le quart de million.

— Bouffer l'énergie aujourd'hui plus qu'hier et beaucoup moins que demain !

— Cette belle histoire d'amour brûle à tous vents le charbon, le pétrole et l'électricité, laquelle est de plus en plus nucléaire. Tout homme, femme et enfant, en Amérique du Nord, réquisitionne l'équivalent de 80 à 100 esclaves chacun, qui fabriquent pour eux, jour et nuit, des biens qui aboutissent à la poubelle.

— Boulimie ou pas, ils vont pourtant finir par être rassasiés !

— On jurerait que non à les voir agir. C'est une manie qui empoisonne toute leur existence. Je ne t'ai pas tout conté. Il faudra un jour que je te parle de leurs cachettes d'énergie meurtrière. Figure-toi qu'ils ont stocké, pour faire la guerre, des milliards de milliards de calories sous forme de missiles nucléaires. Assez pour détruire toute vie sur terre.

Il ne fait pas de doute que la plus cruelle des boulimies, l'obsession de l'énergie ancrée dans votre peur ancestrale de mourir de faim et de froid vous tenaille et vous fait chercher. Est-ce que vos découvertes d'hier fourniront les solutions de demain ? Ça, c'est une autre question.

— Tu as des exemples ?

— On a toujours trouvé, disent les fanfarons. Si on les fait parler un peu plus longtemps, on constate que plus souvent qu'autrement, les humains ont pris l'habitude de se chercher un territoire où ils pourraient organiser l'exploitation et le commerce. Quand ils étaient insatisfaits de leur coin de pays, ils allaient voir ailleurs : on a appelé ça les invasions, les guerres de conquête ou la colonisation. Mais c'est une notion dont la popularité descend au grand galop, tout comme celle de l'immensité géographique.

La Terre est ronde et finie. Vous n'en êtes pas encore tellement conscients, mais ça vient. Il y a de la résistance à assimiler cette idée parce que c'est très dérangeant.

Depuis Christophe Colomb, les Européens se sont établis en Amérique, en Australie, en Nouvelle-Zélande, en Afrique du Sud et en bien d'autres endroits qu'ils ont récemment évacués parce que le colonialisme perd des plumes. En pratique, ça signifie que les ressources mises à la disposition du monde occidental, de par ses conquêtes géographiques, ont été très élastiques pendant cette période d'à peine quelques siècles. Toutefois, la dernière en date de ses conquêtes ou découvertes territoriales, c'est la Lune. Tu sais ce que ça veut dire ?

— Au point de vue ressources, c'est plus maigre de ce côté-là.

— Ça saute aux yeux, il me semble ! Il faudra toujours dépenser plus de ressources et d'énergie pour atteindre la Lune que ce qu'on pourra en retirer. Par définition, l'opération est et restera déficitaire. L'élastique ne pourra jamais plus s'étirer comme avant.

La recherche de nouveaux territoires se poursuit également dans d'autres dimensions. À côté des continents géographiques, il y a ce que j'appellerais les continents de la connaissance scientifique et technologique. Autant les premiers ont été exploités jusqu'à la corde et nous enseignent que le passé expansionniste ne peut se répéter, autant les derniers se présentent aux humains comme vierges et prometteurs. Ceux qui ont hâte d'en organiser l'exploitation et le commerce cherchent très fort, je te prie de me croire.

— Et ils trouvent ?

— Ah, pour trouver, ils trouvent ! Mais comme Colomb qui est mort en jurant qu'il avait trouvé les Indes, ils mettent parfois du temps à bien identifier toute la portée de leurs trouvailles.

Prenons l'exemple de la chimie de synthèse. Elle commence en 1848. En mettant au point cette nouvelle science et les techniques qui en découlent, les humains acquièrent la possibilité de copier les molécules complexes qui sont présentes dans les organismes vivants. Ou d'en inventer de nouvelles.

En 1873, un chercheur plein d'enthousiasme pour les nouvelles possibilités fabrique un peu de DDT. Pour le plaisir de la découverte. Pour essayer du jamais vu. Et les choses en restent là jusqu'en 1939, date à laquelle quelqu'un constate que le DDT tue les insectes. Ce fut le Pérou, Schéhérazade, rien de moins. Un rêve millénaire : *se défaire des insectes !*

Des usines ont été construites, les marchés militaires puis civils ont été conquis. Le DDT a été distribué à l'échelle mondiale. Les fabricants ont enregistré des profits de conquistadors.

Le hic, c'est que le DDT tuait aussi les oiseaux et leurs prédateurs, si bien qu'en bout de ligne, l'humanité risquait de devenir, sans distinction de sexe, de race ou de classe, l'ultime victime de ses pesticides. Un véritable boomerang, quoi ! On en a pris conscience vers 1962 et on a dû battre en retraite, en admettant qu'on avait négligé de peser à l'avance tout le prix à payer pour cette conquête moins glorieuse qu'on l'avait supposé.

Voilà comment un nouveau continent a pu, en un si court laps de temps, être trouvé, puis exploité, sans fournir la super-solution escomptée. Encore une fois, on avait oublié de penser aux déchets, aux résidus, à tout ce qui se passe après la consommation du produit.

Votre mère, la Terre, est en mesure de se venger plus efficacement que les Amérindiens. Et elle ne s'est pas gênée pour le faire savoir quand elle a compris que vous deveniez une menace à la Vie. C'est du nouveau. Vous ne vous attendiez pas à celle-là.

— Provoquer sa propre Mère jusqu'à ce qu'elle réponde : « Si tu me cherches, tu vas me trouver » ? C'est vrai que c'en est presque choquant.

— Seule contre vous et votre boulimie, quelle autre attitude pourrait-elle adopter ? Honnêtement, qui donc oserait souhaiter qu'elle vous laisse encore longtemps fabriquer et vendre impunément, comme si de rien n'était, les tonnes de produits modernes que la Nature est incapable de recycler ? Continuer de les enfouir çà et là pour que vos enfants se souviennent de vous...

La civilisation du tout-à-l'égout achève, Schéhérazade, et le foisonnement d'ordures auquel on assiste est votre dernier feu d'artifice avant le début des lendemains de la veille.

— Le *party* a-t-il au moins valu la chandelle ?

— Il a été remarquablement court et dévastateur. Tu t'inquiètes des arbres, à cause de ton songe. Sais-tu à quoi ils sont soumis ces dernières années ?

De l'âge de pierre jusqu'à tout récemment, couper un arbre était une tâche épuisante. Vers 1950, entre en scène la mécanisation avec l'invention de la *chainsaw* ou tronçonneuse mécanique. Le pouvoir de couper les arbres vient littéralement d'exploser. Et l'incitation à recycler le papier diminue automatiquement dans les pays où la densité de population permet temporairement de faire fi de la modération.

Plus il est facile de couper, plus il est tentant d'envoyer à la poubelle ce papier qu'on estime dorénavant fastidieux et non économique de réutiliser. Pourtant, d'un strict point de vue énergétique, il est beaucoup plus payant de faire du papier avec du papier que d'en faire à partir du bois frais coupé. Mais personne ne veut entendre parler de ce genre de considération.

On s'est aligné sur une séquence dite économique : couper des arbres, de préférence avec des subventions, fabriquer du papier, de préférence avec des subventions, imprimer des emballages et des journaux, en refilant de préférence la note aux commanditaires et, pour finir, monter le niveau des taxes pour que les services publics viennent vider les poubelles qui débordent à cause de tout ce papier.

— Le vrai mouvement perpétuel, quoi !

— Pousse cette séquence à son aboutissement logique et tu finis par éliminer les forêts pour les remplacer par des dépotoirs. On n'arrête pas le progrès !

Je me suis toujours demandé ce qui motivait les éternels agités que vous êtes à se démener comme des fourmis. Avec le temps gagné en vous servant de toutes vos belles machines neuves, vous auriez pu vous reposer. Mais non ! Vous avez décidé de couper cinq fois plus d'arbres, en cinq fois moins de temps.

C'est bien fait pour vous, tiens ! Au moins cette fois-ci vous avez trouvé une bonne raison de vous activer. Il va y en avoir pour tout le monde...À chacun sa grande pyramide d'ordures à trier et nettoyer. Vous bossiez, j'en suis fort aise. Eh bien ! torchez maintenant !

— Génie, je croyais que tu n'avais pas d'opinion sur les choix que font les humains ni sur les solutions qu'ils peuvent imaginer.

— C'est votre propre responsabilité de faire face à la musique et je ne m'en dédirai pas. De toute manière, votre logique m'échappe. Je ne sais toujours pas ce que vous cherchez et c'est ce qui est le plus frustrant.

Prends Aladin. Après tout ce que j'ai fait pour lui, il y a des jours où je me demande s'il n'aurait pas été plus charitable de ne pas tant l'écouter.

— Aladin le bienheureux a des ennuis. Première nouvelle !

— Aladin le désenchanté, plutôt.

— De qui se plaint-il, celui-là ?

— À l'abri dans son beau palais, Aladin n'a certes pas à se plaindre des autres. C'est à lui-même qu'il pourrait adresser des reproches...

Génie, trouve-moi ceci ! Génie, apporte-moi cela ! J'aimerais bien posséder telle œuvre d'art ! Génie, du vin ! Génie, des gâteaux ! Génie, mon narguilé ! Génie ! Génie ! Génie !

Aladin le bienheureux a des ennuis. Il a les dents cariées car il a trop facilement obtenu des confiseries en provenance des meilleures maisons des quatre coins du monde. Cela gâte son sourire et son haleine et, ces derniers temps, des abcès l'ont fait hurler de douleur.

Aladin le bienheureux a des ennuis. Il souffre de la goutte, son foie le tourmente, ses rotules lui reprochent toute cette bonne chère que je lui ai consciencieusement procurée chaque fois qu'il me la réclamait.

Aladin est empâté, bouffi et pas très beau à voir. S'il lui fallait retourner dans l'étroite crevasse où il s'était glissé pour piller la tombe dans laquelle il a découvert le trésor de sa jeunesse, il resterait sûrement coincé là pour toute l'éternité.

De toute façon, Aladin le bienheureux est déjà coincé dans son palais. Son goût de collectionneur l'a graduellement encombré d'un fatras d'objets coûteux et ravissants dont il s'est lassé très vite et qui n'ont pas fini de lui compliquer l'existence. Il lui faut maintenant payer des gardes de sécurité pour tenir en respect les centaines d'adolescents, agiles et irréfléchis, qui pourraient à leur tour, à l'instigation de quelque magicien manipulateur, s'introduire dans son trésor à lui, avant même qu'il ne se fasse momifier, avec tous les égards dus à son rang.

C'est bête de ne pas pouvoir se promener à sa guise et de se cacher derrière une armée de gardes du corps, surtout quand on n'a pas été élevé comme ça. Mais, que veux-tu, une fois qu'on a amassé tant de choses à voler, c'est clair que les voleurs vont être attirés.

L'envers de la médaille lui pèse d'autant plus que sa fringale de biens matériels a empoisonné ses rapports familiaux. Son fils aîné s'est rendu infirme en tombant à bas de la splendide monture harnachée d'or qu'il lui avait offerte pour ses douze ans. Quant à ses petits-enfants, il préfère ne plus les voir, tant il craint qu'ils ne deviennent des insatiables qui se croiront tout permis.

— Dis donc, c'est pas rose tous les jours, la vie de paradis d'Aladin le bienheureux. Et moi qui le croyais comblé.

— Comblé par mes bons soins, il n'a rien à redire là-dessus.

— BESOIN — DÉSIR — SUCCÈS — EXCÈS — CORRECTIFS... voilà que même Aladin a besoin de correctifs. Il n'a pas su éviter les excès. C'était écrit, il faut croire.

— *Non, ce n'était pas écrit,* Schéhérazade. Cessez de vous décharger de vos responsabilités, grands cieux !

Le problème d'Aladin, je ne peux pas le régler à sa place. Ce qu'il veut, je le lui donne. Je ne suis pas sa mère et je n'ai pas de morale à lui faire. Tant qu'il ne s'aimera pas assez pour faire l'effort de cesser de réclamer ce qui le rend laid, malade et malheureux, il va continuer d'être laid, malade et malheureux.

Un jour il va prendre conscience que le corps humain a besoin de nourriture, mais pas trop. Que l'exercice n'est pas nécessairement une punition.Que le plaisir de collectionner n'est pas sans inconvénients, si on ne veut pas s'imposer de limites. Et tout le reste.

Très chère Schéhérazade, une fois qu'on pense avoir réussi à enlever toutes les contraintes qui gênaient, il faut remettre en place d'autres contraintes pour éviter les excès. Ceux qui outrepassent la mesure en sont quittes pour inventer des correctifs à leurs excès et pour apprendre à faire marche arrière. Quand on se trompe, on n'a que soi-même à blâmer : c'est le châtiment et c'est la récompense.

— Génie, dis-moi, les humains sauront-ils sauver les arbres ? Et tout le reste ?

— C'est vous qui décidez, Schéhérazade. Il y a des signes encourageants, je te l'ai dit. D'autre part, il y a votre étrange logique à laquelle je ne me ferai sans doute jamais. Vous allez apprendre à gérer l'énergie et tout ce que vous en tirez, ou vous allez crever.

Est-ce que vous saurez vous dominer à temps pour inverser le cours des choses ? La question est grande ouverte, Princesse.

Tu sais comme moi ce qui est dit au début d'un grand match : « L'important n'est pas de gagner, mais de participer ! » Permets-moi d'espérer que tu n'as pas perdu ton temps en ma compagnie et que, dorénavant, tu sais au moins dans quel camp te ranger.

J'ignore quand nous nous reverrons, j'ignore si nous nous reverrons, mais laisse-moi te dire, en te quittant, que tout le plaisir a été pour moi.

— Pas si vite, Génie. Tu disais hier que pour gérer, il faut connaître et comprendre. Est-on seulement sûr de bien connaître et comprendre toutes ces énergies modernes ? Moi, par exemple, toutes ces nouveautés dont tu parles, je désespère à l'avance de jamais bien les comprendre ou les connaître. Alors, comment imaginer que je puisse participer à leur gestion ?

— Passe-moi ton mouchoir, je vais devoir m'essuyer les yeux, tu m'émeus tellement !

— Cesse de rire de moi, Génie. Ce n'est vraiment pas le moment. Ne t'ai-je pas assez dit combien toute cette affaire me préoccupe ? Je n'entends pas m'en laver les mains. Comment peux-tu supposer que Schéhérazade accepte de périr sans se débattre ?

— À la bonne heure, Princesse. Que j'aime t'entendre parler ainsi ! Ça te fâche de passer pour une idiote ? Et bien, moi aussi ça me fâche de voir les intrigants et les manipulateurs se draper dans leurs pyramides, leur mégalomanie, leurs milliards, leurs spécialités et leurs jargons pour cacher derrière des écrans de fumée, des réunions privées ou dans des tractations *top secret* ce qui devrait être au cœur d'un débat de tous les instants et de tout le monde. Pourtant, si on prend deux minutes pour revoir le vocabulaire de base, tu vas voir, c'est tout simple ! Ferme les yeux.

— Oui, j'ai les yeux fermés. J'écoute.

— Ne fais pas qu'écouter ! Répète !

Le travail requiert de l'énergie et le travail donne chaud. Chaque fois qu'ils vont me parler de B.T.U., de kilowatts-heures, de quads, de pétajoules, de barils de pétrole, de mégatonnes ou d'équivalent-charbon, je ne me laisserai pas impressionner parce qu'après tout, ce ne sont que de vulgaires...?

— ...ne sont que de vulgaires... Hummmm.

— Allez, tu sais la réponse : l'énergie c'est le travail et le travail donne chaud. On les mesure de mille façons, mais il y a toujours moyen de les ramener en... Pense en espagnol...

— *Calor.* Ah, on peut toujours mesurer le travail et l'énergie en calories.

— Voilà ! Tu vois que tu t'y connais. Honnêtement, crois-tu qu'il existe un seul ministre, un seul magnat du pétrole, un seul banquier, un seul fabricant de pétards qui connaisse mieux les calories que toi et tes pareilles ?

— Évidemment, non.

— Alors, Schéhérazade... ?

— D'accord, mon trac est parti pour de bon. Tu as raison, j'en sais pas mal plus long qu'eux, enfin, disons au moins aussi long ! Surtout, Génie, je crois avoir trouvé par quel bout commencer. Laisse-moi te le prouver, tiens, avant que tu ne partes. À ton tour, ferme les yeux et écoute-moi bien !

— Bon, j'écoute...

— Ne fais pas qu'écouter, répète ! Après moi, sans t'arrêter, dis : *le feu,* crie : *au feu,* puis hurle : *FEU !*

À la suite de Schéhérazade, le Génie répéta docilement.

— Dis-moi, quelles images te sont venues ? lui demanda-t-elle avant qu'il n'ouvre les yeux.

— Bon, alors... *le feu,* doucement, comme ça, disons que ça me fait penser à la cuisine, à la lumière, à la chaleur.

— Humm.

— En criant *au feu, au feu,* je vois encore la lumière et la chaleur, mais il y en a trop. Ça sent la fumée et je pense au danger.

— Évidemment, Génie, évidemment.

— Finalement, c'est le peloton d'exécution et le champ de bataille qui me viennent en tête quand je hurle *FEU !* à pleins poumons.

— Tu as encore raison et moi, je suis reçue à l'examen, décorée de l'Ordre de la Déesse du Soleil du Japon et médaillée par la divinité femelle des volcans d'Hawaï !

— Et pourquoi donc, Princesse ?

— Parce qu'avec le raccourci *le feu, au feu, FEU !,* je suis capable d'expliquer à tout le monde et à sa mère, en moins de trois minutes, l'essentiel de ce que tu as mis cinq nuits à raconter.

Rien ne sert de comprendre si on reste seule à comprendre. Il faut que les autres m'entendent. Je me demandais comment les toucher, par quel bout les prendre. C'est si important dans l'urgence où nous sommes. Génie, je sais maintenant que ça va fonctionner.

L'examen oral auquel je viens de te soumettre prouve que chacun peut retenir très vite l'essentiel de ce qu'il faut savoir. Tout le monde, sans distinction de classe, de culture, de religion ni de sexe, peut répéter *le feu, au feu, FEU !,* tout en observant les mêmes images ressenties de l'intérieur. Et d'eux-mêmes, tous pourront convenir que, quand l'intensité de l'énergie augmente, on peut passer de la *zone confort* — le feu, — à la *zone danger* — au feu !, — ou à la *zone extermination* — FEU !

— Quand les humains auront compris tout ça de l'énergie, ils pourront la gérer intelligemment, pour peu qu'ils n'oublient pas le sens commun.

— Compte sur moi, Génie ! L'histoire du feu, je vais la leur conter, je vais la leur chanter, je vais même la leur danser, s'il le faut !

— Bravo !

C'est ainsi qu'on fait échec aux nombrils couronnés !

Fais-toi confiance et grouille-toi.

Exit le Génie, côté jardin...

CHAPITRE 3

Du rêve à la réalité

LA MISE EN GARDE du Génie n'arrive pas seule : le mercredi 18 novembre 1992, 1575 scientifiques, dont la majorité des Nobel de science encore vivants, avertissent le monde que notre planète court à la catastrophe.

Selon le communiqué émis à Washington par l'*Associated Press* et paru en traduction française dans *La Presse* du 20 novembre 1992, le document de quatre pages, intitulé *Mise en garde à l'humanité des scientifiques du monde,* commence comme suit : « Les êtres humains et le monde naturel sont sur le point d'entrer en collision. » Pour contrer les dommages à la couche d'ozone, à l'atmosphère, à l'eau douce, aux mers, aux forêts et aux espèces vivantes, ils réclament le contrôle des activités dommageables, la fin du gaspillage d'énergie, d'eau et de ressources, la stabilisation de la population, la fin de la pauvreté, l'égalité entre hommes et femmes, avec la garantie pour ces dernières de pouvoir recourir au contrôle des naissances, étant donné les limites de la Terre.

Bref, avec le Génie, ils nous disent : « Vous allez apprendre à gérer ou vous allez crever. » Voilà une confirmation qui arrive à point nommé ! Cependant, en plus d'une mise en garde, il nous faut un plan pratique si nous voulons gérer et organiser la survie. Nous allons donc reprendre rapidement les révélations du Génie sous trois angles, selon qu'elles concernent le Génie, nous-mêmes ou le monde que nous habitons. Histoire de voir quel parti nous pouvons en tirer pour organiser la survie et gérer notre abondance, si nous ne voulons pas en crever.

Tout se paie

Comme vous l'avez sans doute déjà deviné, le Génie est l'incarnation même de l'énergie et des vœux que la puissance (c'est-à-dire l'énergie libérée dans un certain intervalle de temps) nous permet d'exaucer.

Avec une franchise méritoire, le Génie démolit nos fantasmes les plus secrets touchant l'énergie. Plutôt que d'entretenir nos chimères, il s'applique à démontrer toute la distance qu'il y a entre son personnage et la réalité. En effet, après ses exposés, nous ne pouvons plus continuer de prétendre qu'il tire à volonté du néant tous les biens et services que sa maîtresse, l'humanité, lui réclame. Ni qu'il apporte la béatitude à qui détient la Lampe magique !

Davantage d'énergie, cela signifie plus de vœux exaucés pour certains humains, soit. Mais ce n'est pas du néant que le Génie tire ses ressources, loin de là ! Dans la vraie vie, la réalisation de nos vœux exaucés grâce à l'énergie comporte des inconvénients qui ne peuvent être tenus pour négligeables.

Malheureusement, parce que les effets nocifs prennent souvent du temps à se manifester, le diagnostic et le choix des remèdes appropriés s'en trouvent passablement embrouillés. Pourtant, la plupart d'entre nous avons déjà appris, à nos dépens, une leçon capitale : quand la puissance augmente, on peut très rapidement glisser de la zone confort — *le feu* —, à la zone danger — *au feu !* — ou à la zone extermination — *FEU !*

La notion de danger inhérent à une puissance accrue relève du sens commun : nous redoutons davantage une collision avec un poids lourd qu'avec un piéton, justement parce que chacun de nous a assimilé la leçon à sa manière.

Petit Poucet deviendra ogre, si Dieu lui prête énergie

En ce qui nous concerne, le Génie nous rappelle qu'entre nos besoins les plus légitimes et nos excès les plus flagrants, il n'y a bien souvent qu'une différence de degré. Différence que nous franchissons allègrement quand l'occasion — celle qui fait le larron — se présente : BESOIN — DÉSIR — SUCCÈS — EXCÈS... Nous sommes tous frères et sœurs du puissant Sultan dont les excès ont été endigués par les efforts de Schéhérazade.

Bien que le Génie nous ait traités d'adolescents attardés et de boulimiques, il ne semble pas perdre tout espoir à notre sujet puisqu'il reconnaît que nous avons déjà su, pour le feu par exemple, développer des comportements responsables. Mais, parce que nos travers et leurs conséquences viennent d'exploser à cause des nouvelles sources d'énergie que nous nous sommes appropriées, le Génie ne nous accorde guère plus qu'une centaine de mois pour nous mobiliser et inverser le processus de dégradation qui risque de tout emporter.

Quand on sait que l'humanité n'a mis que 12 ans entre *Spoutnik I* et les premiers pas sur la Lune, il est permis de douter de notre sincérité quand nous prétendons aimer notre planète. Trente ans après la parution de *Silent Spring* de Rachel Carson, bien des intervenants confondent encore ce qui est négociable, comme nos conventions humaines, avec ce qui ne l'est pas, comme la biologie, la chimie et la physique. Pour l'instant, nous refusons de voir l'urgence de notre situation. Pourtant, depuis des années, plusieurs prises de conscience se sont exprimées. Ainsi, dès 1966, le président Lyndon B. Johnson mit la pollution et le gaspillage hors la loi aux États-Unis. Voici un extrait de son allocution au Congrès américain, en février 1966 :

> Malgré toutes nos richesses et nos connaissances, nous ne pouvons créer une forêt de séquoias, une rivière sauvage ou un bord de mer. Mais nous pouvons conserver ceux que nous avons [...].
>
> Proclamons, pour protéger notre héritage naturel, un ensemble de principes fondamentaux, avec les droits qui en découlent tout comme les devoirs qu'ils entraînent :
>
> – Le droit à de l'eau propre — et le devoir de ne pas la polluer ;
>
> – Le droit à l'air pur — et le devoir de ne pas le souiller ;
>
> – Le droit à un milieu raisonnablement à l'abri de la laideur qu'entraînent les activités humaines — et le devoir de ne pas le polluer ;
>
> – Le droit d'accéder facilement à des endroits de beauté et de tranquillité où chaque famille peut trouver détente et ressourcement — et le devoir de conserver ces endroits propres et sans dégradation ;
>
> – Le droit de profiter des plantes et des animaux dans leurs habitats naturels — et le devoir de ne pas les éliminer de la face de la Terre.
>
> Ces droits signifient qu'aucune personne, qu'aucune compagnie ni qu'aucun gouvernement n'auront dorénavant le droit de polluer, de gaspiller les ressources ou de dégrader notre héritage commun.

Six ans plus tard, soit en 1972, Maurice Strong orchestra la Conférence de Stockholm sur l'environnement, sorte de grand pèlerinage qui donna naissance au *Secrétariat des Nations unies pour l'environnement.* Puis il y eut la Commission Brundtland qui prit le pouls de la planète et déposa, en 1987, un rapport dont se sont inspirés Maurice Strong (encore lui !) et ses collaborateurs pour l'organisation du Sommet sur l'environnement qui s'est tenu à Rio, vingt ans après Stockholm.

De conférence en conférence, nous sommes arrivés au point où il faut passer à l'organisation concrète de la survie. Nous mettre à identifier des priorités et des résultats mesurables selon un plan qui soit accessible au plus grand nombre possible de joueurs. Parce que si nous continuons de rater les occasions d'instaurer des contrôles tant personnels que collectifs, l'ordre des choses, lui, ne nous ratera pas.

Stopper la dégradation physique de la Terre, puisque c'est de cela qu'il s'agit, demande un contrôle physique. Or, nous savons que le contrôle du monde physique passe par le contrôle de l'énergie. Nous savons également que l'énergie sans contrôle mène à l'extermination. Ce sont deux fondements du régime dont nous avons grand besoin.

Il n'y a pas de bout du monde

D'après le Génie, grâce à l'incroyable quantité d'énergie à notre disposition, la planète change comme jamais auparavant. Nous laissons plus de traces à plus d'endroits. La situation dégénère si rapidement que nous arrivons au point de non-retour.

La Terre, notre Mère, celle de qui procède toute la vie qu'il nous a été donné d'observer dans l'univers jusqu'à ce jour, n'a pas grandi depuis l'ère des pharaons. Elle s'est contentée de tourner, de trembler ici et là — à cause de l'énergie emprisonnée dans ses entrailles —, de s'adapter à certaines variations climatiques somme toute assez modestes et, pour la plupart, très graduelles. Elle a donné l'impression qu'elle se résignait à encaisser nos coups qui ont commencé à porter depuis fort longtemps.

Par exemple, les besoins en charbon de bois pour l'exploitation des mines de cuivre du Néguev au profit des pharaons ont causé la déforestation de toute la contrée : un vrai Sudbury en miniature, quoi !

Mille ans plus tard, au début de l'ère chrétienne, le Proche-Orient, où sont nés l'agriculture, les mines, l'écriture, la civilisation et le monothéisme, a perdu de l'importance au profit de l'Inde, de la Chine et du Bassin méditerranéen. Pourquoi ? Parce que ses terres étaient dans un état avancé d'épuisement pour cause de surpâturage, de surproduction et d'accumulation de sels minéraux en provenance des eaux d'irrigation.

La série noire se poursuit. Au temps de Jules II et de Michel-Ange, contemporains de Christophe Colomb, c'est presque tout le Bassin méditerranéen qui présente des signes d'usure, ce qui explique que le centre d'exploitation se déplace vers le Nord ainsi que vers les colonies africaines, américaines et asiatiques.

Pendant ces millénaires, nous réclamons de l'énergie, nous réclamons des calories. Nous les obtenons à la sueur de notre front ou à la pointe de l'épée, peu importe. Nous les voulons pour nos œuvres de chair comme pour nos autres œuvres, sans trop nous faire de scrupules.

Notre Mère, la Terre, a la couenne dure ou, du moins, c'est ce que nous voulons croire. Son état de santé ne nous empêche pas de dormir. Chaque atteinte à l'intégrité de la Terre est comme une piqûre d'abeille sur un gros animal.

Pour peu qu'elles soient suffisamment espacées, les piqûres seront éventuellement oubliées et les cicatrices tolérables. Mais la capacité de récupération de la victime, dans les conditions qui viennent d'être décrites, ne justifie pas qu'on lâche sur elle tout un essaim d'abeilles assassines. Or, c'est exactement ce que nous avons eu l'imprudence d'expérimenter depuis le XIXe siècle avec le charbon, la chimie, les barrages, le pétrole, l'atome et j'en passe.

Nous nous sommes graduellement emparés du levier qui commande les changements dans le monde matériel, c'est-à-dire de l'énergie. Nous n'avons pas demandé son avis à la Terre, confiants qu'elle allait, jusqu'à la fin des temps, s'accommoder de nos fantaisies.

Il est fondamental de prendre conscience que nous avons changé d'échelle ou de ligue, comme disent les chroniqueurs sportifs. Les *pee-wee* sont devenus des colosses qui ne sont pas assez futés, semble-t-il, pour se rendre compte que dorénavant, s'ils tentent de plaquer leur Mère de toutes leurs forces contre la bande, cela ne pourra plus passer pour une plaisanterie. Quand on change de niveau, les manières doivent s'ajuster, parce que l'impact n'est plus le même.

Sur la Terre qui n'a pas grossi depuis l'Égypte antique, les humains ont multiplié leur nombre par un facteur qu'on estime entre 50 et 75. Leur pouvoir de dégrader le milieu est donc au moins de 50 à 75 fois plus important qu'avant. De plus, l'impact des activités humaines se trouve encore multiplié par 5 en raison de l'augmentation de l'énergie à notre disposition — nous ne vivons plus comme au temps des pharaons. Enfin, on doit multiplier ce résultat par 3 ou 4 pour tenir compte de l'énergie qui devrait être consacrée à régénérer le milieu dégradé par les humains.

Or, 50 (population) x 5 (énergie) x 3 (régénération) =

750, ce qui signifie que nos dégâts sont au moins 750 fois plus importants qu'au temps des pharaons. Il se pourrait fort bien qu'ils soient 1500 fois pires, car si l'on introduit les estimations maximales dans l'équation, on obtient 75 x 5 x 4 = 1500.

Ainsi donc, nous perturbons la Terre de 750 à 1500 fois plus vite qu'à l'époque des pyramides. Nos activités entraînent présentement une extinction des espèces vivantes à un rythme absolument catastrophique, vu le recul des forêts, la disparition des espaces vierges et la dégradation des côtes, des cours d'eau et des marais.

En mai 1992, John Terborgh signalait dans le *Scientific American* l'ampleur du déclin des oiseaux depuis 25 ans. En comparant des images produites par des appareils radars de la région du Golfe du Mexique, il a constaté que le passage des oiseaux migrateurs a diminué de moitié entre les années 60 et les années 80 ! Pire, tout indique que le phénomène s'accélère. Encore quelques dizaines d'années et ce sera l'extinction massive des oiseaux américains qui passent l'hiver au Sud. Et ce n'est qu'un cas parmi tant d'autres. Combien de drames avons-nous sur les bras ? Beaucoup. Quant aux chiffres exacts, nul ne les connaît.

Nous perturbons la Terre de 750 à 1500 fois plus vite qu'autrefois et ce, sans même la connaître vraiment ! La plupart des gens ne me croiront pas, j'imagine, mais à 7 ans seulement de la fin du XXe siècle, l'effort de produire un inventaire de la vie n'a pas encore été sérieusement entrepris. Certains prétendent qu'on dénombrerait, si l'on s'y mettait, 3 millions d'espèces animales, végétales et autres, tandis que d'autres vont jusqu'à 30 millions. D'aussi vagues estimations témoignent du piètre état de nos connaissances.

Pourtant, le grand naturaliste suédois Linné a consacré sa vie entière à identifier et à classer les vivants. Son grand catalogue, *Systema Naturae,* dont la 10e édition remonte à 1758, contenait 9000 espèces. Depuis, d'autres espèces ont été identifiées pratiquement à chaque jour. On connaît aujourd'hui 9000 espèces d'oiseaux — dont 365 au Québec — et il s'en ajoute à peine 5 par an : l'inventaire planétaire des oiseaux est à peu près terminé. Côté mammifères, une vingtaine d'espèces, surtout de petits rongeurs, s'ajoutent aux 4000 espèces connues, bon an mal an.

Ce sont les autres formes de vie, souvent plus utiles et surtout plus nombreuses, qu'il nous reste à voir et à comprendre. Notre lenteur à inventorier les êtres vivants tient peut-être au fait que Linné a vécu un siècle après Newton ; elle tient au foisonnement de formes que la vie emprunte, ce qui multiplie le besoin de rigueur et de coordination dans ce domaine ; elle tient aux difficultés techniques de la cueillette d'espèces marines ; elle tient encore au peu de prestige qu'attire l'étude générale des insectes, des arachnides, des crustacés, des algues, des champignons, des bactéries et d'autres formes de vie, à moins qu'il ne s'agisse de mater une espèce qui s'attaque à la nôtre.

Tant que nous ignorons que notre intérêt est en jeu, il est quasi impossible de nous mobiliser : à preuve les Américains qui, s'ils n'avaient pas eu peur des fusées russes, ne seraient pas allés aussi rapidement sur la Lune. Mais comme la vie est une immense toile d'araignée où tout se tient, notre survie est indissociable de celle des autres formes vivantes qui jouent un rôle dans le maintien et la régénération de notre planète.

Plus encore que le Sultan, nous avons tout intérêt à nous passionner pour la grande histoire de la Vie, pour son apparition, son évolution, ses caprices, ses mille et un rebondissements, ses millions d'acteurs. La richesse et la diversité des formes de vie exigent dès maintenant un effort d'exploration concerté et soutenu. Sinon, toutes les conventions sur la biodiversité, comme celle que les nations ont signée à Rio, resteront un simple exercice de relations publiques.

En attendant l'inventaire, disons que le chiffre le plus plausible, comme le soutient Robert M. May dans le *Scientific American* d'octobre 1992, tourne autour de dix millions d'espèces vivantes. Dix millions d'espèces qui doivent se partager la Terre, son air, son eau, son sol et son énergie.

Notre espèce finance son expansion fulgurante en s'appropriant une part toujours croissante des ressources terrestres, ce qui entraîne automatiquement une diminution des ressources à la disposition des autres espèces.

Non seulement accaparons-nous la part des autres espèces, connues ou inconnues, mais notre activité perturbe toutes les formes de vie, par exemple quand nous altérons l'atmosphère avec nos émanations acides, notre CO_2, nos CFC et d'autres rejets nocifs. De plus, nous ne cessons de fabriquer des ordures, toxiques ou pas, traces humaines que l'on retrouve jusqu'aux pôles et même en orbite. Bref, la perturbation n'est plus localisée et circonscrite comme jadis.

La quantité d'énergie que nous monopolisons et l'utilisation que nous en faisons nous placent dans une situation sans précédent : tout indique que les organes vitaux de la Terre sont touchés.

Sans le changement d'échelle que l'impact technologique a entraîné au XXe siècle, peut-être ne comprendrions-nous pas encore. Le conflit entre les humains et la Terre couvait depuis un bon moment sous la cendre. Le fait qu'il vienne d'éclater au grand jour nous oblige à jeter un regard neuf sur nous-mêmes, sur notre milieu et sur nos excès.

Notre Mère la Terre — source de toute vie connue — jouit de 4 milliards d'années d'expérience, ce qui mérite plus de respect qu'on ne lui en témoigne habituellement. À la page 107, la Terre est représentée en compagnie de ses deux voisines — Vénus et Mars — et du Soleil, l'étoile qui nous fournit gratuitement et continuellement 1 kilowatt au mètre carré. (Les Égyptiens l'auraient appelé le Dieu-Soleil, les Japonais la Déesse du Soleil et Schéhérazade le bon Génie de la Terre, sans doute).

Il n'y aurait pas de vie sur terre sans l'énergie fournie par le Soleil : tous les vivants connus de l'univers sont ou ont été enfants du système Terre-Soleil. Le Soleil est notre bonne étoile, tirant son énergie de la fusion de ses noyaux d'hydrogène.

Quant à nous, nous ne serions pas là si la Terre n'était pas située à une bonne distance du Soleil : trop près, comme sur Vénus, ou trop loin, comme sur Mars, pas de vie !

Même à distance, l'énergie solaire régit les activités terrestres. Chacun sait que les calories alimentaires nous viennent soit des plantes qui poussent grâce au soleil, soit des animaux, qui se nourrissent des plantes. C'est aussi l'énergie solaire qui réchauffe inégalement les pôles et l'équateur ; c'est donc elle qui fait bouger l'air de l'atmosphère et l'eau des océans, quand les différences de température deviennent assez marquées.

Sans énergie solaire, donc, pas de vent ni de courants. Ni moulins à vent, ni navigation à voile. Sans énergie solaire, pas d'évaporation qui renvoie l'eau aux montagnes pour qu'elle redescende à la mer. Ni barrages, ni moulins à eau, ni turbines qui tournent, ni génératrices. Sans énergie solaire, pas de gaz naturel, ni charbon, ni pétrole, puisque ce sont des plantes et des animaux ayant vécu il y a très longtemps, grâce au Soleil, qui ont donné naissance, sur des centaines de millions d'années, aux sources d'énergie que nous appelons hydrocarbures.

Depuis les années 50, nos programmes d'exploration spatiale ont brûlé des sommes faramineuses à rechercher des traces de vie ailleurs que sur la Terre. En vain. Paradoxalement, nous ignorons toujours combien d'espèces vivantes recèle la Terre. Si l'hypothèse des 10 millions d'espèces mentionnée plus haut est juste, comme la taxonomie scientifique ne contient que 1,4 millions de noms, cela signifie que pour plus de 80 % des espèces vivantes, les mots pour les dire manquent !

Cordonniers mal chaussés, nous écrasons ce qui existe sans le connaître. Selon l'éminent biologiste d'Harvard, Edward Wilson, 70 espèces disparaissent chaque jour et nous rêvons toujours de trouver la vie ailleurs, quitte à tout détruire pour cette inaccessible chimère !

Quand nous extrayons des cavernes où les mouvements géologiques les avaient enfermés les trésors d'Aladin que sont le gaz, le charbon et le pétrole, c'est pour jouer à quoi, au juste ? Jouons-nous à oublier que nous sommes les fœtus d'une Terre irremplaçable ? Jouons-nous à nier le fait que nous sommes dépendants d'un réseau biologique très complexe que nous sommes trop paresseux pour tenter de comprendre en profondeur ?

Rêvons-nous de suicide, de matricide, ou des deux à la fois ? Et pour qui nous prenons-nous donc ? Pharaon ? La femme bionique ? Superman ? Le Roi-Soleil ?

Il est plus que temps de nous réveiller et de faire face à la réalité, aussi pénible soit-elle.

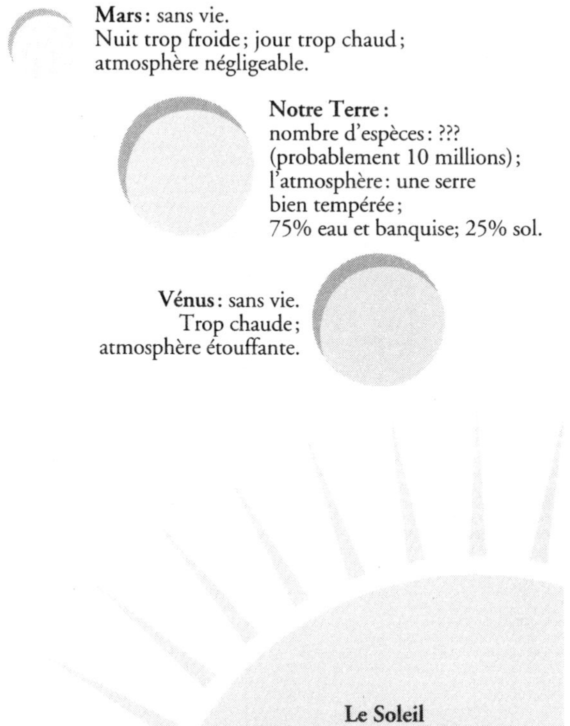

Mars : sans vie.
Nuit trop froide ; jour trop chaud ;
atmosphère négligeable.

Notre Terre :
nombre d'espèces : ???
(probablement 10 millions) ;
l'atmosphère : une serre
bien tempérée ;
75% eau et banquise; 25% sol.

Vénus : sans vie.
Trop chaude ;
atmosphère étouffante.

Le Soleil
fournit à la Terre 1 kilowatt
par mètre carré.

Notre Terre — ses voisines — ses enfants — sa déesse ou son génie

CHAPITRE 4

Le Prince au capital dormant

Ton moulin va trop vite...

RIEN NE SAURAIT mieux illustrer la pénible situation à laquelle nous sommes actuellement confrontés que les illustrations des pages 110 et 111. Jetons-y un coup d'œil.

Sur la page de gauche, l'astérisque isolé représente toute l'énergie destructrice de toutes les bombes qui ont été utilisées par tous les combattants de 1939 à 1945 pendant la Deuxième Guerre mondiale. On l'a vu, l'énergie qu'on associe volontiers au travail utile et au confort peut également détruire. Les armées en sont donc d'avides consommatrices. La destruction massive survenue en Europe, en Afrique, en Asie et dans le Pacifique entre 1939 et 1945 a nécessité un effort de guerre phénoménal.

Pendant tout ce temps, ces interventions ont mobilisé non seulement l'industrie des pays où se déroulaient les opérations, mais également celles d'Amérique et d'Australie. C'est vous dire combien cet unique astérisque de la page de gauche pèse lourd. Bien plus qu'il n'y paraît à première vue.

Aujourd'hui, si quelqu'un voulait détruire l'humanité tout entière, l'énergie de 100 astérisques lui suffirait, soit la quantité encadrée dans la page de droite.

Considérons maintenant toute la page de droite. Comme chaque astérisque continue de représenter l'équivalent des bombes utilisées lors de la Deuxième Guerre mondiale, la page de droite nous permet de visualiser le stock d'énergie emmagasiné dans nos armes nucléaires en moins d'un demi-siècle.

Depuis la première réaction en chaîne, obtenue à Chicago dans le plus grand secret le 2 décembre 1942, l'humanité a mis l'énergie nucléaire non à son service, mais à son *disservice*. J'emprunte à l'anglais ce néologisme, faute de savoir mieux exprimer la gaffe que nous avons faite là, poussés, comme toujours, par la peur de la mort.

Il y a un demi-siècle, donc, nous sommes entrés dans l'ère nucléaire.

Toute l'énergie de toutes les bombes de la Deuxième Guerre mondiale

Toute l'énergie stockée dans les armes nucléaires

(L'encadré dans le coin supérieur gauche représente l'énergie suffisante pour détruire l'humanité)

D'après Albert Jacquard, *Cinq milliards d'hommes dans un vaisseau,* Éditions du Seuil, Paris, 1987 p.113-117.

Sans nos nouvelles connaissances et la technologie que nous en avons tirée, nous n'aurions jamais pu accumuler un arsenal aussi démentiel.

Sans plus de jugeotte que des écureuils stockant des glands par réflexe, nous avons emmagasiné 5000 fois l'équivalent de tout l'attirail de la guerre de 1939. De quoi détruire 50 fois les humains — et une bonne partie de tous les autres vivants par la même occasion.

Stocker 50 fois la fin du monde... Pas 1 fois, pas 2 fois, pas 10 fois, non, 50 fois ! Je vous le demande : les humains sont-ils boulimiques ou nuls en arithmétique ? Probablement les deux, et gaspilleurs par-dessus le marché, spécialement quand ils octroient des contrats avec l'argent des contribuables !

Au premier chapitre, nous avons posé la question : Quelles traces sommes-nous en train de laisser derrière nous pour marquer le monde à notre image et à notre ressemblance ? Quelles momies enfouissons-nous pour les archéologues de demain ? Une partie de la réponse apparaît à la page 111.

Nous farcissons la Terre de silos souterrains pour y cacher nos ogives nucléaires. Il s'en trimbale également dans des sous-marins que les chercheurs d'épaves du XXIe siècle ne manqueront pas de ramener à la surface. Des milliards de milliards de calories, prêtes à tout mettre à feu et à sang, voilà où notre fringale d'immortalité nous a menés.

À force d'avoir peur de mourir de la main de l'ennemi, cet Ogre dont les sept filles seront immolées — sans que personne ne s'en offusque — pour que le petit Poucet se tire d'affaire, nous avons mis au point la machine infernale, la recette parfaite pour anéantir l'adversaire.

Il y a longtemps qu'on en rêvait. La voilà donc, gracieuseté de l'abondance d'énergie dont nous disposons soudain : 50 fois la fin du monde, satisfaction garantie ou argent remis.

Or, après la phase d'accumulation et de croissance du stock nucléaire, vient obligatoirement le temps du contrôle et de la réduction. On pourrait presque en faire une comptine pour les petits enfants :

On l'a voulue,
On l'a eue,
Il ne reste donc plus
Qu'une issue
Dégonfler
Sans tarder
Cette monstruosité.

Nos puissants sultans, après un demi-siècle d'escalade, commencent à découvrir, sur le tard, que nous avons dépassé les bornes. Porté par nos rêves séculaires, notre désir de protection aboutit à sa propre négation. Il n'y a pas de bouclier possible contre les retombées radioactives et les changements climatiques qu'entraîneraient dans l'atmosphère les effets combinés de toute cette énergie que nous relâcherions d'un seul coup : notre succès n'était au fond qu'un excès !

Certains dirigeants ont dû reconnaître avoir perdu de vue l'objectif. Ils sont forcés d'admettre à contrecœur que, pour leur propre protection et celle de leurs proches, le moment est venu de faire marche arrière. L'heure des correctifs a sonné.

Plus tôt, nous avons distingué trois niveaux de correctifs, soit les correctifs personnels, les correctifs sociaux et les correctifs naturels.

Pour ce qui est des armes nucléaires, il ne faut pas espérer de solution du troisième niveau, car si l'on attend que l'ordre des choses s'en mêle, la leçon sera trop brutale pour qu'on s'en remette. D'ailleurs, il y a fort à parier que l'intérêt personnel reste le mobile le plus convaincant : pour que les chefs d'État comprennent l'impasse dans laquelle ils nous ont engagés, le niveau 1 n'a pas de substitut.

En effet, si l'horreur nucléaire n'était pas aussi démocratique qu'elle l'est, nous serions probablement encore bien loin d'une prise de conscience. Dieu merci, les riches et les puissants se retrouveront au front avec leurs amis et leur famille, en cas de conflit nucléaire.

La nouveauté, c'est qu'aucun dictateur, aucun ministre, aucun milliardaire, aucun savant, aucune célébrité n'a les moyens de se réfugier dans un coin tranquille en attendant que l'orage nucléaire passe. Contrairement à ce qui prévaut dans les conflits conventionnels, il n'y a plus moyen de tirer son épingle du jeu, même pour les puissants sultans.

Les rendre conscients de leur condition de vulnérabilité demeure donc la meilleure tactique pour les raisonner. C'est pourquoi les groupes de pression qui œuvrent au niveau 2, celui des correctifs sociaux, n'ont pas de meilleure alliée que la divulgation de l'information crue et drue susceptible de réveiller l'instinct de survie des décideurs et de leurs proches.

Que nos chers décideurs ne perdent surtout pas de vue leur propre intérêt ! Comme dirait Schéhérazade, mieux vaut être sauvé par l'égoïsme des preneurs de décision que perdu par leur vision fumeuse du progrès, de l'honneur, du paradis ou de tout autre concept où la nature humaine excelle à draper ses préjugés et sa propension à l'abus de pouvoir.

Gorbatchev travaillait-il égoïstement dans l'espoir de mieux asseoir son pouvoir en URSS, remettant à sa place l'armée tout en gagnant des points à l'Ouest ? Agissait-il plutôt pour le bien de l'humanité, quand il a multiplié les appels au désarmement ? Probablement les deux, dans l'ordre indiqué. Convaincu des dangers nucléaires, il semble avoir pris pour acquis que ses interlocuteurs américains allaient se sentir viscéralement concernés. Il a supposé que l'égoïsme légitime de Bush et de Baker lui fournirait des moyens quasi illimités pour aplanir très vite toutes les difficultés. Ce rêve-là n'a pas été exaucé, et pour cause !

Le jour de Noël 1991, après avoir perdu bien d'autres illusions, plus dupe que héros, Gorbatchev a finalement pris une retraite forcée après 6 ans et 9 mois de pouvoir, cédant la place à Eltsine.

De quoi a-t-il été question, ce jour-là ? De l'arsenal nucléaire, bien sûr. Dans son discours d'adieu, Gorbatchev s'est félicité d'avoir fait disparaître la menace de guerre nucléaire, tandis que son dernier geste officiel fut d'apposer sa signature sur un document transmettant à son successeur les codes par lesquels il peut désormais déclencher une attaque nucléaire.

Si vous trouvez que c'est incohérent, vous avez raison, mais attendez la suite... Onze mois après le départ de Gorbatchev, on a pu constater que tous ses efforts de désarmement étaient peut-être en train de tourner en un gigantesque cas de remède pire que le mal.

Le 25 novembre 1992, à la chaîne américaine PBS, Robert MacNeil et Jim Lehrer recevaient à leur émission quotidienne d'information deux sénateurs américains, MM. Richard Lugar et Sam Nunn. Devant l'énormité des renseignements qu'ils ramenaient de Moscou, on sentait que les sénateurs devaient faire un effort pour garder leur sérénité. Qu'ont-ils appris aux téléspectateurs ? Que tout est à la va-comme-je-te-pousse dans le merdier nucléaire de l'ex-URSS, rebaptisée Communauté des États indépendants. Sur papier pourtant, l'opération désarmement ne se présentait pas trop mal...

Au nombre de 6000, les armes de petit format, dites armes nucléaires tactiques, ont longtemps été disséminées sur tout le territoire de l'URSS. Lors de l'éclatement de l'Union, plutôt que de risquer de voir tomber les armes tactiques aux mains des factions locales auxquelles cela aurait pu donner des idées, l'armée a organisé leur retour en Russie où elles sont sous bonne garde. Enfin, c'est la version officielle.

Les accords sur papier visent une forte dénucléarisation pour l'an 2000 et, en vertu d'un plan à long terme, les armes doivent être démontées, moyennant un budget considérable. En effet, les équipes d'experts, la mise au point de techniques appropriées, des vérifications scrupuleuses et une destination sécuritaire pour le matériel radioactif qui restera un problème pour des centaines de milliers d'années, tout cela ne se fera pas avec des prières. Racheté en principe par les Américains, le matériel radioactif, transporté par bateau vers l'Amérique, pourrait servir à alimenter les centrales nucléaires pendant un quart de siècle, dit-on.

Le hic, c'est que les grosses ogives montées sur fusées pointant vers l'Europe et l'Amérique sont encore dispersées comme avant : il s'en trouve en Ukraine et au Kazakhstan. Qui les contrôle et pour combien de temps ? Qui contrôle les 200 sous-marins porteurs d'ogives nucléaires ? Qui même s'en soucie, une fois les discours prononcés ? George Bush n'a même pas nommé un coordonnateur unique pour la question, laissant des tas de cuisiniers aller mettre épisodiquement leurs doigts dans la sauce, puis s'en laver les mains de retour aux USA. L'argent promis par Baker et la Banque mondiale n'arrive pas : on avait promis 24 milliards de dollars US à Eltsine, mais c'était paroles en l'air. Entre-temps, les généraux russes ont vu le Pentagone poursuivre ses travaux de recherche atomique pour lesquels, oh miracle ! les fonds ne manquent jamais. Tout continue sur l'air d'aller : encore en

1992, les Américains, avec un cynisme consommé, ont effectué des tests nucléaires pour de nouvelles bombes.

Pas plus gênées, les industries de guerre américaine et européenne annoncent des ventes colossales en Asie, au Moyen-Orient et ailleurs, tout en sermonnant les Russes pour les empêcher de vendre des armes, les seuls produits manufacturés qui assurent emplois et rentrées de fonds à un pays en pleine débâcle. En réalité, le marché international des armes — 1000 milliards de dollars US par an — est tout bonnement récupéré en entier par l'Ouest et la Chine, maintenant que les Russes l'ont à peu près délaissé. De quoi faire venir les larmes aux yeux et la rage au cœur au Russe le plus pacifique.

Il y a des provocations que seuls les imbéciles se permettent ! Les sénateurs Lugar et Nunn se le sont fait dire à Moscou, à l'automne 1992. Puis, à la fin de novembre 1992, Eltsine s'est rendu aux arguments de ses généraux et a fait une déclaration publique dans laquelle il a convenu de garder la force de frappe nucléaire active pour longtemps, parce qu'il découvre, avec l'expérience, que c'est le seul moyen de se faire prendre au sérieux.

Dès qu'ils ont fait mine de désarmer pour réduire le danger d'extermination par l'immense stock d'énergie accumulé, les ex-Soviétiques se sont ni plus ni moins fait traiter comme on avait traité les Kurdes, en pions manipulables à volonté !

Hélas ! Washington, Londres, Tokyo, Paris ou Ottawa ont préféré penser le moins possible à ces joujoux terrifiants. Qu'est-ce qu'une société en pleine désorganisation pourrait bien faire de ses caches d'énergie ? On ne peut quand même pas s'en débarrasser en disant *Abracadabra* ou les jeter à l'égout ! Plutôt que de faire face à l'angoissante réalité avec le sérieux qui s'impose, on a fait l'autruche. Nos petites têtes, facilement dépassées, cherchent des problèmes à leur échelle et délaissent les vrais enjeux.

Avec leur sens aigu des priorités (!), les ministères de la Défense américain et canadien semblent avoir mis plus de cœur, en 1992, à suivre les causes qui opposaient leur armée aux gais et aux lesbiennes en uniforme — grosse menace ! — qu'à saisir l'occasion incroyable et unique que représentait la résolution russe de venir à bout du cauchemar nucléaire.

Les humains manquent de repères et de réflexes pour cerner l'essentiel, dans le nouvel ordre de grandeur où les a précipités la puissance accrue de leurs outils. Arrêter la fin du monde ne parvient pas à nous mobiliser, probablement parce que la nouvelle échelle nous déroute. Tout se passe comme si nous nous croyions encore au Moyen Âge, sans autre option que de nous en remettre à la fatalité ou aux puissances imaginaires.

Pourtant, cesser de décrocher face aux enjeux importants et adapter nos comportements aux conditions nouvelles sont des conditions nécessaires à l'organisation de la survie : nos nouveaux excès ne vont pas se dégonfler tout seuls.

Nos inventions ne sont pas filles de la fatalité ou des puissances imaginaires. C'est nous qui les avons mises au monde et c'est à nous de les contrôler. Pas d'autre choix possible : il nous faut apprendre à gérer l'ère nucléaire et la crise de l'environnement. Cela signifie trouver des méthodes de décision qui permettent de juger rapidement des priorités en comparant les options qui s'offrent, sans perdre l'ensemble de vue.

L'ensemble de la Terre et l'ensemble des excès. Car les fabricants d'armes ne sont pas seuls à avoir changé d'échelle. L'agriculture, le bâtiment, le transport, le commerce et l'industrie se sont également mis de la partie pour nous aider à tester les limites du tolérable. Par conséquent, nos traces s'amplifient sous terre comme en surface, sur l'eau comme au fond des mers, sur la banquise comme au ciel. Des traces gazeuses, liquides, solides, en quantité proportionnelle au déploiement énergétique des humains.

Quand on nous promet la croissance économique, on braque le projecteur sur la partie vendable de la croissance. On le détourne du reste, c'est-à-dire des séquelles de la civilisation du tout-à-l'égout ou, pour parler comme le Génie, de ses fumiers. Mais les fumiers, serait-on en droit de demander, jusqu'où allons-nous les laisser s'accumuler ? Jusqu'au réveil de ceux qui rêvent tout éveillés, nos princes au capital dormant.

Le capital dormant

Le terme *capital dormant* ne sort pas de la plume des frères Grimm ni des contes de Perrault. Ce sont les économistes qui l'ont inventé. Ils s'en servent pour parler d'une prairie en friche, d'une mine non découverte, d'une rivière qui coule sans barrage, d'un arbre qui se contente de pousser pour les oiseaux. Tout ce qui ne fait pas l'objet d'une exploitation par les humains est, selon eux, du capital dormant. Et le héros de l'épopée économique, c'est celui qui parvient à réveiller ce capital.

Le défricheur, le prospecteur, l'investisseur, le brasseur d'affaires, l'inventeur, l'industriel et le législateur font équipe pour participer à la *création de richesses* — c'est l'expression consacrée. Ils se hâtent de réveiller le capital dormant. De le transformer en capital actif, en capital productif.

Remarquez qu'une fois fortune faite, ils n'ont souvent pas de plus cher désir que de s'abonner à un club de chasse ou de s'adonner à la pêche au saumon en pleine nature, quand ils ne s'achètent pas une île déserte et un voilier, ce qui prouve que pour ceux qui ont vraiment le choix, le *dormant capital* a des vertus que le *working capital* n'a pas. Mais c'est là une autre histoire.

Même si elle n'explique pas tout, la conversion du capital dormant en capital productif tient un rôle majeur dans le triomphe actuel de la civilisation du tout-à-l'égout. Ceux qui valorisent à tous coups la production matérielle orchestrée par les humains le font généralement de bonne foi. Héritiers des millénaires pendant lesquels les humains ont fonctionné avec des règles du jeu qui reflétaient la disproportion entre nos besoins et nos moyens, nous avons développé des réflexes qui partent de l'hypothèse que *plus* et *mieux* sont synonymes. Or, la technologie nous a catapultés dans un monde où les mentalités et les solutions d'hier ne peuvent plus s'appliquer automatiquement aux problèmes d'aujourd'hui. Elles deviennent même franchement dommageables quand on tente de les appliquer aux problèmes de demain : en matière d'armements nucléaires, pour avoir mis quelques décennies à le comprendre, nous sommes aujourd'hui dans de beaux draps !

En matière d'alimentation, également, manger plus et manger mieux ont cessé de s'équivaloir à coup sûr. Sans doute, la règle d'or de manger davantage pour mieux se porter continue d'être valable pour les populations mal nourries du Tiers monde, qui font face à une pénurie de calories. Mais elle est remise en question dans nos pays d'abondance.

À l'été 1988, nul autre que le docteur Koop, *Surgeon General* des États-Unis, a publié un volumineux rapport où il explique que la meilleure façon d'augmenter le bien-être et la santé de ceux qui ont accédé à l'abondance réside dans des mesures qui baissent l'apport énergétique de leurs aliments.

À cette occasion, la médecine officielle est venue sanctionner tout le mouvement, perceptible depuis les années 50, de ceux et celles qui ont appris à se préoccuper de calories parce qu'ils ont compris, par expérience, que pour une proportion grandissante de la population des pays industrialisés, l'ennemi à combattre avait changé de visage : il a brusquement cessé d'être carence pour devenir excès alimentaire.

Pour l'organisme humain, *la survie par les calories* demeure une vérité première. Dans des conditions de disette, on s'en tient à cela. C'est pourquoi nous en sommes restés là pendant des millénaires. Arrive soudain l'abondance qui force à formuler cette vérité d'une façon plus complète et plus précise : *la survie par les calories, à l'intérieur de certaines limites* !

Pour l'alimentaire comme pour le militaire, notre prise de conscience des limites que la survie impose a commencé à faire dévier notre vision du monde de sa trajectoire ancestrale, dans laquelle plus et mieux se confondaient. Après avoir changé d'échelle, nous voilà contraints, dans notre propre intérêt, de reconnaître qu'il existe des seuils qui, une fois franchis, obligent à reformuler la définition du progrès dont nous nous étions contentés jusque là. Trop, c'est trop, et quand on a assez engraissé, il n'y a plus qu'une issue : le régime !

La société du tout-à-l'égout est au bord de la même révolution mentale. La réforme est imminente, elle est au détour du chemin. Pourtant, les princes au capital dormant dorment sur leurs lauriers. Ils sont encore trop empêtrés dans les contradictions de nos modes traditionnels de raisonner pour s'extirper du BESOIN — DÉSIR — SUCCÈS — AMEN à l'ancienne. Ils ne voient pas ce qui est pourtant devenu évident pour tous ceux qui ne sont pas aussi esclaves qu'eux du mythe de la croissance matérielle à tout prix.

À l'instar d'Archimède, ils se promènent en clamant : « *Donnez-moi un point d'appui et mon levier soulèvera le monde* ! » Quelque 2200 ans après Archimède, ils ont le point d'appui, la technologie ; ils ont le levier, l'énergie, et la question n'est plus de savoir comment gonfler davantage la machine. La question est de savoir en quoi l'orbite *nouvelle et améliorée,* qu'ils ont choisie à l'aveuglette, est préférable à celle que la Terre notre Mère a mis plusieurs milliards d'années à élaborer.

Pour les boulimiques, le bonheur, c'est l'énergie à volonté — belle, bonne et pas chère. À preuve, dès que l'appareil de production du monde industrialisé craint de voir grossir moins rapidement sa ration d'énergie abondante et bon marché, le système économique crie famine. Sans nos 200 000 Calories par jour — nos esclaves, dirait le Génie —, toute la machine se lézarderait.

Mais gonfler jusqu'à l'éclatement serait encore plus stupide. C'est pourtant là où nous mène l'habitude que nous avons conservée, en dépit du bon sens, de jauger l'appareil de production dont nous nous sommes dotés avec une mentalité du XIXe siècle. Pendant plus de cent ans, notre équipement de production s'est présenté comme un enfant chétif qu'il fallait soutenir dans sa croissance, de peur qu'il ne dépérisse et ne rate sa mission d'assurer la survie de la communauté. Il faut reconnaître qu'historiquement, cette position se défend.

La distance qui nous sépare du XIXe siècle quant à l'aisance matérielle, à l'hygiène, à l'éducation, aux communications et à bien d'autres aspects, se mesure presque en années-lumière, tant nous sommes loin de ce que Dickens, Zola et Victor Hugo ont décrit. Cela tient à bien des facteurs, y compris l'éventail de produits manufacturés que notre appareil de production dispense en quantité toujours croissante, tout particulièrement depuis 40 ans.

Comme l'industrie se nourrit d'énergie, tout le monde s'est fait un point d'honneur de lui en procurer abondamment, au nom de la survie, bien sûr : quand l'enfant est chétif, plus et mieux se confondent. On recommande donc le gavage sans scrupule.

Quand il s'agit d'industrie ou d'énergie, l'enthousiasme des dirigeants ne fait pas de doute : Harold M. Hubbard, dans le *Scientific American* d'avril 1991, montre comment, par leurs dépenses militaires affectées au Moyen-Orient au nom de la sécurité d'approvisionnement en pétrole, les Américains ont subventionné pour une somme de 23 à 50 $ US chaque baril de pétrole importé en 1989 et 1990. Cette subvention est supérieure au prix international. Voilà un bon exemple de ce que les économistes appellent une *externalité*, dont le prix ne se retrouve pas sur l'étiquette.

Au Canada, on ne fait plus les élections à coups de ponts et de gros bras, on les fait à coups de forages pétroliers, de mines d'uranium, de barrages démesurés et de centres de recherche atomique.

Sans les taxes des contribuables, aurions-nous des centrales atomiques ? Non, bien sûr. Rien qu'au Canada, nos impôts fédéraux y ont contribué pour 12 milliards de dollars. Passons sur les pots-de-vin aux dictatures étrangères et sur la saga de nos mines d'uranium qui mériterait un livre à elle seule !

Sans l'endossement du contribuable, Hydro-Québec aurait-elle pu financer ses expansions qui, de pari risqué en pari risqué, finissent dans certains cas par des ventes de feu ? Évidemment non.

Et le pétrole, alors ? Selon André Plourde, professeur de l'Université d'Ottawa, de 1974 à 1985, presque 13 des

16 milliards de dollars consacrés à l'exploration par l'industrie pétrolière au Canada sont sortis, par le biais de diverses mesures incitatives et fiscales, de la poche des contribuables.

Là où il s'est dépensé le plus d'argent — dans l'affaire DOME, par exemple —, on n'a pas trouvé grand-chose, sinon la chance de vivre un conte de fées et le rêve de réveiller le capital dormant. Et on s'est retrouvé devant les pires fiascos financiers de l'histoire du Canada — c'était avant la débâcle des spéculateurs immobiliers dans les années 90.

Ceux qui savent compter sont là pour nous rappeler qu'entre la vraie vie et les contes de fée, il y a une marge. Le 24 novembre 1992, M. Denis Desautels, vérificateur général du Canada, tentait d'ouvrir les yeux aux contribuables dans son rapport annuel : 26 morts, six mois auparavant, dans la mine de charbon *Westwray*, subventionnée en dépit du bon sens et des dangers que les experts avaient fait ressortir.

Le gouvernement fédéral avait garanti jusqu'à 103 % du coût net de la phase préproduction d'une compagnie minière présidée par *un spécialiste de l'extraction de l'argent du gouvernement*, ainsi que l'ont décrit les journalistes qui ont couvert le drame autour duquel les enquêtes et les procès vont durer des années. Si l'on ajoute à cela deux autres mégaprojets énergétiques, *NewGrade* et *Hibernia*, garantis respectivement à 100 % et à 74 % pour la phase la plus risquée, le gouvernement fédéral était engagé, au 31 mars 1992, pour 2 milliards de dollars dans les mégaprojets énergétiques. Et ce n'est pas fini !

À cause de la géographie, *Hibernia*, au large de Terre-Neuve, sera plus exposée au danger que les plates-formes de la Mer du Nord. Même sans iceberg, le coût de chaque baril va dépasser de 50 % le seuil de rentabilité. Nous nous ruinons pour bâtir des pyramides qui auront comme principale retombée de nous ruiner encore davantage !

Rentable, la chasse au capital dormant ? Pour les princes qui s'arrangent aux frais de la princesse, peut-être... La parade des milliards s'amplifie parce que nous gardons collée, quelque part au fond de la tête, une vision poussiéreuse de la chasse au trésor. C'est cela qu'il faut soigner !

S'il fut un temps où nous avons pu louer le progressisme de nos princes au capital dormant et le trouver réconfortant, nous savons aujourd'hui qu'ils tardent trop à se hisser au niveau d'honnêteté intellectuelle des diététistes. Ces dernières ont eu l'intégrité, le moment venu, de cesser de prêcher à tout venant les vertus des œufs et du bacon et de tenir compte des résultats mesurables. À quand le tour des princes ?

Hélas, à force de gérer en regardant dans le rétroviseur, nos princes au capital dormant ne savent plus lire leur tableau de bord. Pourtant, les voyants rouges n'en finissent plus de clignoter. Assoupis aux commandes d'une forteresse volante qui pique du nez, les princes au capital dormant cognent encore des clous.

On a tout intérêt à ce que la tâche soit confiée aux mieux qualifiés, s'il s'en trouve, mais la fonction de prince décideur ne va pas disparaître. À vrai dire, qu'on choisisse nos princes par tirage au sort — comme dans l'antiquité athénienne —, qu'on les élise ou qu'on les subisse, pèse moins lourd, pour la suite du monde, que le fait qu'ils comprennent une fois pour toutes qu'ils se trouvent dans le *cockpit*. Et qu'à ce titre, ils ont encore moins de chances que le reste de l'équipage, les passagers de la première classe ou de la classe touriste, de survivre aux conséquences de leurs mauvaises manœuvres, s'ils ne redressent pas sur-le-champ le piqué amorcé.

Le pilote automatique ne répond plus, mais les princes continuent de manifester leur calme olympien et de sourire aux anges. Pas par stoïcisme, mais parce qu'ils ignorent encore que la crise planétaire de l'environnement vient de leur retirer le privilège d'avoir un siège éjectable muni d'un parachute !

Nos princes décideurs ronflent et vont continuer de le faire tant qu'ils n'auront pas compris combien la taille actuelle des problèmes les affecte. Tant qu'ils ne s'éveilleront pas à la nouvelle règle du jeu : dorénavant, les excès ont fini d'être profitables aux castes dirigeantes qui ne peuvent plus échapper aux conséquences de leur nonchalance. Cette nouvelle réalité va bientôt leur sauter au visage. Un peu d'égoïsme légitime saura sans doute les convaincre que, bien plus que les apparences, les conséquences méritent désormais leur attention.

C'est ce qui va nous sauver et, par la même occasion, sauver nos princes décideurs, à condition que nous leur cassions les oreilles et les pieds, histoire de les réveiller pendant qu'il en est encore temps. Sortez les tambourins et les porte-voix, mais attachez vos ceintures, car le réveil approche !

CHAPITRE 5
Le réveil du Prince

Soigner la boulimie avec des remèdes contre l'anémie ?

NOUS AVONS TELLEMENT entendu parler de la crise de l'environnement comme d'une situation où nous manquerions de pétrole et d'autres ressources que certains auront du mal à admettre que nous souffrons surtout des effets de la surabondance, par les temps qui courent. Le pire, c'est que nous serons probablement victimes des deux extrêmes, car l'un n'empêche pas l'autre.

Quand on dépense sans compter, on se retrouve un jour ou l'autre acculé à la ruine. Ainsi le pétrole, qui a mis des millions d'années à s'accumuler sur notre planète, va disparaître en quelques générations si nous continuons de le consommer au rythme actuel, brûlant chaque année une réserve qui a pris un million d'années à se bâtir. Dans cette perspective, le bon sens le plus élémentaire voudrait que nous consommions avec mesure le pétrole, le charbon, le gaz naturel et toutes les ressources non renouvelables, puisque leur abondance sera de courte durée.

Mais présentement, quand nous faisons le tour de toutes les personnes qui ont un pouvoir d'achat leur permettant de se payer de l'énergie à volonté, puis comparons leur consommation à l'énergie offerte, nous sommes forcés de constater que la pénurie ne menace pas l'Amérique du Nord, pour l'instant. C'est dans 25 ou 40 ans qu'elle se fera sentir. Entre-temps, même si elle ne l'avoue pas facilement, l'Amérique du Nord a cessé de dominer et c'est cela qui la dérange. Après avoir été, des années 30 aux années 60, la région du monde qui produisait le plus d'hydrocarbures — assez pour en exporter —, il lui faut dorénavant en importer et payer en biens ou en devises ses achats.

En passant, tant que le Moyen-Orient achète des systèmes téléphoniques ou du blé avec l'argent que nous lui donnons pour son pétrole, cela nous arrange. Quant aux autres biens que nous lui fournissons, ils sont tout sauf subtils ! Exemple : les armes que nous bazardons — et nous ne nous gênons pas pour le faire — attisent, des deux côtés de la barricade, un feu qui se situe quelque part entre la zone danger et la zone extermination. Les autruches que nous sommes auraient grand intérêt à penser davantage aux conséquences qu'aux apparences, tout particulièrement aux apparences de *développement* économique !

Quoi qu'il en soit, la pénurie d'énergie n'est certes pas le problème le plus immédiat. La crise que nous vivons et que nous sommes trop hésitants à regarder en face, c'est le contraire de la pénurie qui nous la vaut, et pour éviter d'achever les boulimiques que nous sommes, il serait à peu près temps qu'on cesse de nous administrer des traitements contre l'anémie.

Dans sa lettre accompagnant un document intitulé *Énergie ; l'horizon canadien*, publié par le ministère fédéral de l'Énergie, des Mines et des Ressources qui nous ruine à subventionner des projets insensés, Marcel Masse, qui était alors le ministre responsable, écrivait :

> Nous avons tendance, tellement elle nous est présente, à prendre pour acquise l'énergie traditionnelle. La destruction de l'environnement, les conséquences tragiques de l'effet de serre et l'usure de la couche d'ozone nous imposent pourtant l'urgence de formules énergétiques plus conformes aux exigences écologiques. Comment concilier ces exigences avec celles, également impérieuses, du développement économique ?

On ronronne moins fort qu'avant dans le *cockpit,* pensez-vous ? Peut-être. Mais avant de vous réjouir trop vite, songez qu'il y a un quart de siècle, déjà, le président Johnson semblait fort convaincant dans son plaidoyer pour l'environnement dont nous avons fait mention à la page 98.

Tant que les milliards qu'on octroie à la chasse au trésor ne seront pas réorientés vers la mise en place d'un régime approprié, la situation va continuer de se dégrader. Administrer des traitements contre l'anémie aux boulimiques peut finir par tuer le malade.

Les auteurs d'*Énergie ; l'horizon canadien* ne vont pas jusqu'à expliquer que notre pouvoir perturbateur est fonction directe de l'énergie sous notre contrôle, mais, au moins, ils consentent à dévoiler de troublantes statistiques :

> Au Canada, la production et la consommation d'énergie génèrent 85 % des oxydes d'azote polluant l'atmosphère, 65 % des émissions de plomb, 41 % de l'anhydride sulfureux, 23 % de la contamination par le mercure et 18 % des macroparticules. (p.89)

Remarquez qu'on ne souffle mot des BPC, des CFC,

du CO_2 et des déchets nucléaires, tous ces sous-produits de nos comportements énergétiques. Si l'on n'en parle pas, ce n'est probablement pas par malhonnêteté intellectuelle. C'est parce qu'on a beau tenter de se déguiser en encyclopédie ambulante, on finit toujours par en oublier, tant les ramifications deviennent tentaculaires et oppressantes.

Les bâtisseurs de barrages font encore figure d'exception : ils nous disent qu'ils font de l'énergie propre, propre, propre ! Qu'en est-il ? Il est vrai que la production d'hydro-électricité est exempte de certaines formes de pollution, ce qui ne signifie pas qu'elle est bénéfique en soi. Tout dépend de ce qu'on en fait. S'en servir pour fabriquer des objets qui aboutissent au dépotoir comme c'est trop souvent le cas, s'en servir pour transformer le monde sans tenir compte des résultats mesurables, c'est donner raison au Génie : *Ceux qui ne savent pas gérer le feu vont périr par le feu !*

Tant et aussi longtemps que l'humanité reste convaincue qu'elle a été créée et mise au monde pour laisser sur Terre les traces les plus visibles possible, elle réclame plus de calories, au nom du droit inné d'accomplir sa destinée. Elle se pique de refuser tout frein à sa consommation d'énergie pour satisfaire ses besoins comme ses fantaisies, sans penser aux conséquences physiques qu'elle connaît mal, parce qu'au fond, elle préfère ses visions souvent simplistes à une réalité complexe. C'est logique et cela se tient, tant qu'on ne remet pas en cause l'hypothèse de départ. Mais une connaissance plus profonde du monde où nous vivons est en train de faire son chemin.

Apprendre à laisser les traces les plus légères qui soient pourrait bien s'avérer notre meilleure chance de sauver à la fois notre Mère et nos enfants. D'assurer notre immortalité.

La nouvelle cuisine

Dans une remarquable conférence prononcée en 1971 devant un auditoire manitobain, Pierre Dansereau, le premier scientifique à avoir compilé les 27 lois de l'écologie, dont plusieurs ont d'ailleurs été formulées par lui, interpellait tous ceux qui ont des oreilles pour entendre et un cœur pour s'émouvoir en posant très sérieusement la question : « *L'humanité a-t-elle le droit au suicide* ? »

Une génération plus tard, nos décideurs n'ont à la bouche que des mots comme productivité, marchés éloignés, fusions, concentration, mondialisation... Sans le savoir, ce qu'ils sont en train de vanter pourrait bien être un processus de vieillissement précoce et de dégradation appelé *eutrophysation.* Ce processus, Pierre Dansereau l'avait évoqué lors de son allocution. Il s'y disait profondément inquiet de constater que la planète en est victime : la production dite économique augmente, la diversité diminue et la vulnérabilité s'accroît.

Ce que des gens éveillés comme Pierre Dansereau ont vu venir longtemps d'avance, le reste de la population le ressent petit à petit. Arrive alors un moment où les preneurs de décisions, du haut de leurs pyramides économiques et politiques, restent presque seuls à ne pas broncher. Tant qu'ils pourront s'en tirer avec des demi-mesures ou de beaux discours, il est pratiquement exclu qu'ils puissent sincèrement remettre en question ce qui tient lieu de religion au monde occidental depuis pas mal de temps, c'est-à-dire la civilisation du tout-à-l'égout et sa croissance. Il ne faut pas s'en surprendre, car plus souvent qu'autrement, c'est ainsi que les choses se passent.

C'est le passé qui a placé nos leaders dans la position privilégiée qu'ils occupent. C'est le passé qui leur a réussi et ce sont donc les vieilles recettes qui leur viennent à l'esprit quand il s'agit de modeler l'avenir. En outre, une position privilégiée éloigne des symptômes : la huitième loi de l'écologie enseigne que les dominants se maintiennent plus longtemps que les autres quand le milieu s'effondre.

Coupés de la réalité, les princes dominants ont bien du mal à interpréter les cris d'alarme et les protestations qui viennent du bas de la pyramide. Mais les conséquences de notre insouciance sont à la veille de les atteindre, eux aussi. Il nous faut profiter du dernier répit avant la tempête pour trouver le moyen d'éviter que les princes, une fois réveillés, ne tentent de rattraper le temps perdu en s'élançant dans la mauvaise direction, pour nous éblouir de leur talent de *décideurs décidés*. Leur survie personnelle est, somme toute, aussi précaire que la nôtre ; dès qu'ils le comprendront, ils voudront peser sur tous les boutons pour imposer des correctifs que nous devrons subir. Cela risque de faire plus de tort que de bien si les correctifs s'inspirent de mentalités remontant au XIXe siècle, quand ce n'est pas à Jules II ou à Ramsès.

Tandis que certains s'activent à sortir les pilotes de leur coma, une priorité s'impose donc : il faut rapidement définir un plan vivable et le moins inéquitable possible, basé sur des indicateurs tirés de la réalité du monde concret et non de la fiction où s'enferrent et s'enferment ceux qui n'ont d'yeux que pour les indicateurs traditionnels de la finance et de l'économie. Un plan qui tire parti de ce que nous savons de la nature de l'univers, ce monde tout à fait réel où les transactions ne se comptent pas en dollars, mais en unités d'énergie.

Le plan proposé ici consiste à aborder l'énergie dans toutes nos utilisations comme nous le faisons déjà en alimentation au moyen des calories : la comptabiliser rigoureusement et afficher les résultats par un étiquetage adéquat.

C'est pour connaître, sur le plan environnemental, le vrai coût d'un bien ou d'un service que la comptabilisation de l'énergie s'impose. En ce sens, le coût véritable est une mesure de l'empreinte que chaque bien ou service laisse sur la planète.

En analysant systématiquement les étapes physiques d'une production donnée, on obtient un bilan chimique qu'il est possible de traduire ensuite en un nombre représentant les unités d'énergie mobilisées à toutes les étapes, soit :

a) la production ;

b) la neutralisation des retombées toxiques, s'il en est ;

c) le recyclage du produit après usage.

Le vrai coût qui en résulte mesure l'impact physique total de la production du bien ou du service en cause.

Un produit anodin du point de vue de l'environnement comporte un coût véritable peu élevé, mais jamais nul. En effet, sans consommation d'énergie, pas de production, puisque la matière ne change de forme ou de place que grâce à une dépense d'énergie. D'autre part, le vrai coût est élevé chaque fois qu'un produit entraîne de fortes perturbations environnementales.

Lorsque les coûts véritables seront établis en unités d'énergie, les articles en magasin pourront être étiquetés de manière à ce qu'on sache à la fois leur coût en dollars et leur vrai coût exprimé en unités d'énergie. Ainsi, on trouverait sur l'étiquette de deux articles comparables : 25 $ et 1 unité d'énergie pour le premier ; 25 $ et 5 unités d'énergie pour le second.

L'avantage d'un indicateur de pollution traduisant les vrais coûts qui accompagnerait le prix en dollars saute aux yeux : cela permet de comparer des chiffres calculés systématiquement, 1 et 5 dans l'exemple ci-haut. Sans examen complexe, sans calcul savant, tout le monde saisit d'un coup d'œil que le deuxième article entraîne cinq fois plus de traces, de conséquences physiques que le premier. Choisir le produit le moins nocif deviendra simple et à la portée de tous dès que le coût véritable apparaîtra sur l'étiquette, à côté du prix en dollars.

Les consommateurs qui veulent faire des choix éclairés et prendre des décisions responsables ont besoin d'un indicateur qui ramasse des informations complexes dans une forme simple à utiliser. En l'absence d'un tel outil, on s'empêtre souvent dans des incohérences et on continue de consommer à l'aveuglette.

Dans le domaine alimentaire, si les valeurs calorifiques sont suffisamment crédibles et connues pour influer sur les décisions des consommateurs, c'est parce qu'un jour, des gens se sont donné le mal d'effectuer systématiquement des mesures en laboratoire ; une fois vérifiés, les résultats ont pu être publiés puis, avec le temps, mis à la portée de tous.

Parce qu'ils se fondent sur le métabolisme humain, on peut s'en servir d'Amqui à Zanzibar sans tomber dans les querelles d'écoles religieuses, économiques ou politiques. La quantité à prendre tous les jours et le mélange d'aliments recommandé varient selon le contexte, mais la méthode de calcul et les principes de base sont universels.

Cela indique la voie à suivre pour l'établissement des coûts véritables en unités d'énergie : un tel projet réclame la participation d'experts qui doivent, en un premier temps, s'entendre sur une méthodologie acceptée à l'échelle internationale, pour ensuite se partager les champs d'étude et fournir des données rigoureuses. C'est par là qu'il faut commencer.

Quand les vrais coûts nous seront comptés, il nous sera loisible d'imaginer un plan de survie nouveau genre. Un plan qu'une diététicienne cordon-bleu et adepte de la cuisine minceur pourrait mettre au point si nous la priions d'inventer un régime pour que la civilisation du tout-à-l'égout évolue vers un art de vivre qui la rende plus belle et en meilleure santé.

C'est plus qu'un défi. C'est une aventure qui nous fera découvrir de nouveaux plaisirs. Un banquet où le goût de savourer remplace celui de s'empiffrer, et dont l'organisation en elle-même devrait déjà être une fête.

Un régime princier

BESOIN — DÉSIR — SUCCÈS — EXCÈS... Notre problème est un problème d'abondance. On l'a bien vu, l'énergie ne peut être mise impunément à la disposition du genre humain : il ne survivra pas s'il n'apprend pas à la gérer. L'énergie deviendrait gratuite et illimitée que le problème n'en serait qu'empiré, puisque le bouleversement qu'une société inflige à son environnement physique est proportionnel à l'énergie et à la puissance qu'elle accapare.

Le dommage que l'humanité inflige à son milieu peut être évalué en unités d'énergie, à l'aide du modèle suivant :

(population X énergie par personne)
+ énergie pour réparer les dégâts

Pour estimer la perturbation pour une année, par exemple, il faut partir du nombre d'individus et multiplier ce nombre par l'énergie que mobilise chacun, en moyenne, pour l'ensemble de ses activités de consommation et de production, sans rien oublier des trois étapes énumérées à la page 133. (Nous donnons plus loin des exemples qui aideront à mieux saisir l'opération).

Depuis deux siècles, même en ne tenant pas compte de l'énergie supplémentaire requise pour réparer les dégâts accumulés, l'impact combiné de l'accroissement de la population et de la consommation énergétique ont multiplié la pollution au Japon, en Europe et en Amérique du Nord par des facteurs d'environ 25, 40 et 600, respectivement. De toute évidence, cette tendance va bientôt casser !

L'unité de mesure et l'établissement des limites

Pour élaborer un régime, il faut s'entendre sur une unité de mesure facile à retenir et capable de mesurer l'énergie de façon très systématique. À cette fin, nous proposons une notion inédite qui présente l'avantage de faire image tout en aidant à sensibiliser tout le monde. Il s'agit de l'*esclave-année* et de son sous-multiple, l'*esclave-journée,* que nous définirons comme ceci :

1 esclave-année = 365 esclaves-journées =
1000 kilowatts-heures

ou, ce qui revient au même,

1 esclave-année = 857 000 Calories

c'est-à-dire de quoi nourrir un esclave pendant 365 jours à raison de 1000 kWh/365 ou 2,7 kWh par jour, ce qui correspond à 2345 Calories par jour.

À titre d'exemple, voyons ce que l'utilisation de l'unité de mesure proposée pourrait donner quand vous arrêtez à la station-service. Supposons que vous mettiez 43 litres d'essence dans votre auto. Avec cette nouvelle façon de compter, on dira que vous venez d'acheter 1/2 esclave-année, car :

43 l @ 10 000 Calories/l = 430 000 Calories,

ce qui représente environ la moitié des 857 000 Calories que vaut chaque esclave-année. C'est éloquent, non ?

Avant d'aller plus loin, permettez-moi d'ouvrir ici une parenthèse à l'intention de ceux que l'utilisation du mot esclave pourrait hérisser. Ne vous en faites pas trop, c'est voulu ; moi aussi, l'esclavage, cela me révolte. Ce que je veux souligner ici, c'est que l'entêtement des esclavagistes du passé à ignorer l'horreur de l'exploitation et du trafic auxquels ils s'adonnaient — pour le développement économique, ne l'oublions pas — n'a d'égal que notre aveuglement présent face au coût véritable de nos entreprises et de nos dévastations rendues trop faciles par nos machines et notre toute-puissante énergie. Il n'est pas inopportun de le rappeler par tous les moyens possibles et de ne pas mâcher les mots pour le dire.

Avec ou sans nouvelle unité de mesure, l'établissement des limites ne sera pas une mince affaire. Chose certaine, le niveau de développement physique soutenable auquel l'humanité devra s'en tenir dépend de la *pollution soutenable*, c'est-à-dire de ce que l'air, l'eau, le sol et les autres créatures vivantes vont pouvoir tolérer. La valeur des limites qu'imposera à chacun la nécessité de respecter le budget général de pollution soutenable restera vraisemblablement sujette à des rajustements périodiques, compte tenu des circonstances et des connaissances accrues qui viendront immanquablement enrichir le domaine du contrôle énergétique.

Il n'y a là rien d'étonnant, puisque la même démarche s'applique à la gestion de la masse monétaire ou encore à la gestion des calories que s'impose quiconque surveille son régime alimentaire. Souplesse et pragmatisme sont de mise ici, comme dans bien des domaines.

Pour amorcer l'opération, puisqu'il n'existe pas de chiffre magique qu'on puisse sortir d'un tiroir ou d'une encyclopédie, il serait normal que nous commencions par une phase d'observation et d'accumulation de données, accompagnée d'un moratoire volontaire pour la partie la plus énergivore du monde, soit l'Amérique du Nord (à l'exclusion du Mexique).

Afin de lancer le débat, proposons que l'Amérique du Nord s'engage à ne pas dépasser, pour ses besoins annuels, 25 milliards d'esclaves-années, ce qui correspond à peu près à la situation actuelle. Les fanatiques de la croissance auront bien sûr des objections ; mais tous ceux qui reconnaissent qu'ils ne peuvent plus se laver les mains de l'impact de nos activités sur un milieu physiquement limité et de plus en plus vulnérable seront sensibles à la lecture des quelques données qui suivent.

À l'époque de Franklin et de Washington, l'Amérique du Nord comptait 4 millions d'habitants dont un demi-million d'esclaves. Aujourd'hui, on y retrouve 265 millions d'humains mobilisant pour leurs activités l'équivalent de 25 milliards d'esclaves en énergie de toute sorte.

Si la progression se poursuivait à ce rythme, dans 200 ans l'Amérique du Nord se retrouverait avec 17 milliards d'humains et tant de billions d'esclaves qu'on renonce d'avance à les compter. C'est la preuve par l'absurde que nous n'allons évidemment pas continuer à grossir comme si c'était une fin en soi. Nous allons plafonner, c'est clair. Tant en nombre qu'en consommation d'énergie. L'opération est d'ailleurs déjà en marche, au grand dam de ceux que ce changement dérange. Mais, on l'a déjà vu, les nuls en arithmétique prennent trop de temps à passer du rêve à la réalité pour que nous croyions encore à leur prétendue infaillibilité.

N'en jetez plus, la cour est pleine

Il me semble que 25 milliards de fois 1000 kWh par an, c'est pas mal généreux. De fait, ce niveau d'utilisation d'énergie serait tout simplement intolérable s'il ne s'accompagnait pas de mesures immédiates pour réduire la nocivité de nos traces.

La réforme de la civilisation du tout-à-l'égout a été comparée plus haut à un banquet. On n'a pas besoin d'être un génie de l'organisation pour comprendre que l'entretien et le nettoyage des lieux sont aussi indispensables que la préparation des plats, si l'on veut que la fête se prolonge. Pour empêcher le *party* de tourner au désastre, il va falloir mettre le paquet pour contrôler nos détritus avant qu'ils ne détraquent les conditions favorables à la vie.

Notre détermination ne peut plus se mesurer à la pureté des intentions, à la longueur des discours ou au nombre de colloques. Nous devons la jauger très concrètement. Combien de nos 25 milliards d'esclaves travaillent présentement à produire sans compter et combien sont attelés au maintien de conditions propices à la vie, comme le recyclage et la préservation du milieu ? Est-ce conforme à nos priorités ? Quelle répartition allons-nous privilégier pour corriger les excès ?

C'est pour répondre à ce genre de questions que la comptabilisation de l'énergie est appelée à se développer.

Le système *TEA* pour calculer les vrais coûts

Si nous voulons vraiment savoir l'impact de ce que nous achetons, il importe de ne rien oublier. Les économistes et ceux que la planification de l'énergie intéresse distinguent déjà trois lieux pour identifier l'énergie et la comptabiliser : le niveau du besoin (énergie utile), le niveau de la consommation (énergie finale), le niveau de la production (énergie primaire).

À cause de l'énergie qu'il faut consacrer à l'extraction, à la production, au transport et à d'autres opérations, et à cause des pertes, l'énergie primaire est toujours supérieure à l'énergie finale ou vendue. Le facteur de pondération à appliquer dépend de la nature des sources d'énergie, de la configuration du territoire et de la technologie ; les statistiques sur le sujet sont complètes et accessibles.

Pour passer de la quantité d'énergie achetée annuellement à la quantité d'énergie primaire, convenons d'un premier facteur moyen de correction de 1,15, à titre d'exemple. Pour arriver au coût véritable, il y a lieu également de majorer les chiffres de consommation, comme on le fait dans la comptabilisation des coûts de revient, pour tenir compte de l'énergie qui a servi dans le passé à la construction et à la réfection d'installations comme les barrages, les centrales ou les raffineries, selon le cas, et les amortir pendant toute leur vie utile, au prorata de la consommation des clients.

Supposons que 1,01 convienne pour cette deuxième correction ; cela signifie qu'une consommation annuelle de 100 esclaves-années, avant correction, doit être multipliée par 1,15 X 1,01, ce qui donne 116,15 esclaves-années, une fois qu'on s'est donné la peine de tenir compte de toute l'énergie associée à l'étape de production.

Plus haut, nous avons fait mention de deux autres étapes pour calculer toute l'énergie mobilisée :

– la neutralisation des retombées nocives (étape *b*) ;

– le recyclage des biens matériels (étape *c*).

L'étape *b* nous force à introduire une nouvelle correction : la quantité d'énergie requise pour la neutralisation des retombées nocives, multipliée par un coefficient de sécurité.

Prenons par exemple un véhicule mû au gaz naturel. Son fonctionnement entraîne une combustion propre et il ne sort du tuyau d'échappement que de la vapeur d'eau (H_2O), et du gaz carbonique ou bioxyde de carbone (CO_2).

À l'achat d'une quantité de gaz naturel contenant l'énergie correspondant à 1 esclave-année chez le détaillant, nous venons de voir qu'une majoration de 16,15 % doit être appliquée dans le calcul du vrai coût à cause des corrections liées à ce qui est arrivé en amont. De plus, si nous décidons de considérer la vapeur d'eau comme inoffensive et le CO_2 comme devant être neutralisé parce que nocif, nous nous retrouvons avec un nouveau facteur de correction obtenu en multipliant

a) la quantité théorique d'énergie requise pour dissocier ou stocker le gaz carbonique, par

b) un coefficient de sécurité assez élevé pour inciter à la mise au point de techniques qui réduisent le problème du CO_2.

À titre d'exemple, supposons que le produit de *a* par *b* donne 5. Le détaillant fournirait donc sur la facture le chiffre corrigé par un facteur total de 1,1615 x 5 = 5,8. Pour le client, le message serait clair : chaque mètre cube de gaz acheté au détaillant correspond en réalité à 5,8 fois plus d'énergie, quand on calcule le vrai coût lié à l'impact physique total.

Pour l'essence, même principe. Son coût véritable comprend toute l'énergie qu'il a fallu fournir, à chaque étape, pour nous rendre cette essence accessible, de l'exploration au lave-auto gratuit, en passant par le pipeline et la raffinerie, sans oublier l'avion privé du PDG de la pétrolière ni les circulaires que ses agents de promotion ont postées à la clientèle. En aval, comme la combustion est moins propre pour l'essence que pour le gaz naturel, un bilan chimique exhaustif amènerait les experts à conclure qu'il faut multiplier par un nombre supérieur à celui qu'on utilise pour le gaz naturel pour effectuer la correction visant à neutraliser les retombées nocives.

Résultat : en faisant le plein, l'acheteur apprendrait qu'il mobilise non seulement 0,5 esclave-année, mais peut-être jusqu'à 4 esclaves-années à chaque fois qu'il met 43 litres dans son réservoir. Il acquerrait de la sorte une meilleure compréhension du coût réel associé à la conduite d'un véhicule, sans les distorsions que les cartels, les subventions, les taxes, les coupons-primes, etc., font subir au coût en dollars.

Pour ne rien oublier, la comptabilisation des vrais coûts doit inclure une quantité d'énergie capable d'assurer le recyclage de tout bien matériel, multipliée par un coefficient de sécurité tant que le recyclage n'est pas effectivement pensé au niveau du design et de la mise en marché. Ce n'est qu'après cette dernière opération que l'on peut prétendre avoir calculé *toute l'énergie accaparée* (TEA) et connaître le coût véritable. Grâce au système de comptabilisation TEA, en achetant une voiture, une famille serait en mesure d'obtenir l'évaluation la plus complète possible des conséquences de ses décisions. Voici ce que cela pourrait donner :

- En premier lieu, la dépense énergétique associée à l'entretien des routes représente facilement une dizaine d'esclaves-années par an ;

– En deuxième lieu, le manufacturier donnerait sur l'étiquette le coût énergétique réel de la voiture, qui pourrait représenter une quinzaine d'esclaves-années par an (sans compter l'essence brûlée), de manière à couvrir l'entretien du véhicule et à garder une réserve pour la phase *c*, soit le recyclage de l'auto une fois mise au rancart.

À l'aide de ces renseignements, notre famille pourrait maintenant évaluer qu'elle consacrera — tout compris — 225 esclaves-années par an à faire rouler cette voiture, soit 10 pour les routes, 15 pour l'entretien et le recyclage futur du véhicule et 50 fois le plein à 4 esclaves-années chacun.

En supposant une famille de 4 personnes voulant se limiter à un budget annuel de pollution de 400 esclaves-années tout compris — soit 100 par personne —, on voit qu'à l'insu des principaux intéressés, l'auto risque de bouffer 56 % du budget familial planifié tant que l'analyse des vrais coûts ne sera pas entrée dans nos mœurs.

Pourtant, dès que les vrais coûts, ceux qui comptabilisent *toute l'énergie accaparée* (TEA), deviendront connus, les comparaisons entre divers achats ou comportements possibles seront faciles.

Pour vous en convaincre et pour le plaisir de la chose, mettez-vous dans la peau d'Aladin, le temps de convoquer le Génie et d'exprimer trois vœux :

– Aller en Australie.

– Obtenir une caisse du whisky le plus cher au monde.

– Commander une partition originale pour guitare à un compositeur réputé.

Supposons que chacun de ces vœux vaille 5000 $; on peut donc dire qu'ils sont équivalents sur le plan économique. Or, ces trois vœux sont loin de s'équivaloir sur le plan de la dépense énergétique et de la pollution qu'ils entraînent. Quand on estime toute l'énergie accaparée, le premier représente au bas mot 150 esclaves-années, le deuxième environ dix fois moins, tandis que le troisième n'atteint pas 1 seul esclave-année, compte tenu du peu de contenu matériel de la commande : en effet, le compositeur ne peut imputer à son client beaucoup plus que le chauffage et l'éclairage de son atelier pendant le temps de création, quelques feuilles de papier, un ruban magnétique, peut-être quelques appels téléphoniques et deux ou trois déplacements qu'on suppose de moins de 10 km.

La disparité entre le vrai coût et le coût en dollars de ces trois plaisirs illustre bien à quel point l'économie telle que nous la définissons aujourd'hui n'a souvent qu'un rapport très limité avec le vrai monde, où toutes les transactions se paient en énergie.

Les économistes prétendent *internaliser* les coûts pour tout traduire en dollars et éviter une comptabilité parallèle. Je ne peux malheureusement les suivre dans leur raisonnement. Premièrement, nous avons si longtemps triché avec les chiffres en dollars — et les décideurs continuent de le faire avec une telle effronterie dans le nucléaire, les mégaprojets et les subventions au gaspillage — que notre meilleure chance d'obtenir des résultats fiables non contaminés par nos mauvaises habitudes consiste à travailler avec les données physiques sans chercher à les traduire en dollars.

Par ailleurs, il serait insensé de laisser entendre aux consommateurs que leur impact physique diminue quand leur pouvoir d'achat s'améliore. Or c'est justement à quoi nous mène la méthode de ceux qui veulent que le coût en dollars suffise à refléter l'impact environnemental : dès que le taux de change variera d'un pays à un autre, les mieux nantis, voyant les prix baisser, croiront réglé le problème environnemental que crée dans l'autre pays la production de ce qu'ils importent. Ils seront alors portés à s'en laver les mains encore davantage, pendant que le problème s'amplifiera.

Donc, quelles que soient les objections de bien des économistes — que je soupçonne de regarder de haut les diététistes — je répète qu'une répartition plus responsable de notre pouvoir d'achat ne sera réalisable qu'en autant qu'il nous sera possible de connaître la quantité d'énergie que nous accaparons chaque fois que nous nous procurons des biens et des services.

Le fait que la plupart des entreprises enregistrent et surveillent déjà leurs dépenses énergétiques facilitera la comptabilisation et l'affichage des vrais coûts. En outre, pour une technologie donnée, l'énergie requise par un procédé de production ne varie pas d'un pays à l'autre. Toutefois, il sera révélateur de voir à quel point l'énergie associée à l'emballage, à l'entreposage et au mode de transport influencera la note et pourra jeter un éclairage différent sur les retombées de la mondialisation des marchés.

Quand nous nous soumettons à un régime alimentaire, nous en tenir au coût des aliments en dollars est une bien piètre façon de procéder. Nous avons besoin de renseignements sur les calories et la valeur nutritive. Il en va de même pour la santé de la planète. Les prix en dollars sont beaucoup trop fantaisistes pour être nos seuls guides. Les vrais coûts viennent éclairer notre lanterne sur l'impact de nos choix. Les renseignements factuels sont indispensables si nous voulons être en mesure de mener notre barque avec des données sérieuses et capables de nous faire passer de la fiction à la gestion. C'est sur ces renseignements que repose le système *TEA*, conçu pour éveiller chacun à la vue d'ensemble et au sens des priorités.

Le plaisir du Prince

C'est en apprenant à surveiller les esclaves-années que nos dollars achètent directement ou par l'intermédiaire des taxes que nous laissons les législateurs nous concocter qu'il deviendra possible d'élaborer un régime contre la boulimie énergétique.

Les choix éclairés des électeurs et des consommateurs que nous sommes sont censés être le fondement de notre société. Voter, c'est exprimer une préférence. Acheter tel produit ou tel service plutôt que tel autre, c'est aussi exprimer sa préférence, puisque cela revient à voter avec ses dollars. Mais le choix éclairé demeure un leurre tant qu'on ne nous affichera pas les vrais coûts et qu'on ne mettra pas en place un mécanisme permettant leur partage équitable.

Le premier avantage d'une comptabilité basée sur le système TEA, c'est qu'elle oblige les gouvernements à dévoiler publiquement le nombre d'esclaves-années que leur budget mobilise pour chacune de leurs interventions, ainsi que la dégradation du milieu physique qu'ils autorisent en notre nom.

À l'occasion de la publication de ce budget nouveau genre, quand l'idée d'un moratoire à 25 milliards d'esclaves-années pour l'Amérique du Nord aura fait son chemin, les pouvoirs publics devront expliquer à leurs électeurs sur quel solde chaque individu pourra compter annuellement, une fois que la consommation gouvernementale aura soustrait sa portion du total des esclaves-années prévus au budget. Espérons que ce jour-là, ayant enfin compris que tout ce qu'ils consentent aux militaires et aux marchands d'armes réduit directement leur train de vie, les princes que nous élisons en profiteront pour remettre à leur place les militaires et les inventeurs à leur solde en leur serrant la vis énergétique. La volonté de diminuer les traces physiques de l'activité humaine sur la terre ne prendra tout son sens que lorsque nous contrôlerons l'énergie que les *big boys* en uniforme accaparent pour leurs *big toys*.

La budgétisation de l'énergie permettra également de pousser plus avant dans nos sociétés les principes d'équité et de démocratie. On ne peut pas attendre que les disparités économiques s'estompent pour entreprendre sérieusement de sauver la planète. Par contre, dans une société donnée, personne ne devrait s'octroyer le privilège de détruire l'habitat commun plus que ses voisins. Il s'ensuit que la solution équitable et démocratique consiste à allouer le même budget énergétique total à chaque citoyen adulte.

Avec leur budget énergétique personnel, les individus garderaient une marge de manœuvre permettant de tenir compte de leurs préférences. Marcher jusqu'au bureau, laver son linge à l'eau froide ou tenir le thermostat à 15 degrés la nuit pour employer les esclaves ainsi épargnés à s'offrir un peu de ski sur neige artificielle pourrait être le choix de l'un, tandis qu'une autre s'en tiendrait au même total en faisant des choix très différents.

Ce qui ne serait pas vivable, toutefois, ce serait qu'un grand nombre refuse de faire des compromis à l'intérieur d'un budget raisonnable, pendant qu'il en est encore temps.

Au plan individuel, on a tout à gagner à favoriser dès maintenant la marche, les transports en commun, les tricots et tous ces petits trucs anti-boulimie énergétique qui sont en général excellents pour la santé comme pour le portefeuille.

Pour mieux gérer son budget énergétique personnel, on peut s'inspirer des enseignements des *Weight Watchers* ou de sa propre expérience des régimes alimentaires. Ainsi, avant même de connaître les chiffres des vrais coûts, on sait d'avance que :

- l'exemple et l'effet d'entraînement comptent ;
- ne changer que les apparences — comme quand on se comprime la taille dans un corset — ne règle rien ;
- diminuer les portions est une décision qui ne demande pas de savants calculs et qui donne des bénéfices immédiats ;
- certaines formes d'énergie, tout comme certaines formes d'aliments, sont préférables à d'autres.

Quant à moi, j'avoue que ce qui me navre par-dessus tout, c'est la production de déchets nucléaires dont je me rends coupable chaque fois que j'utilise de l'électricité, à cause de la présence de centrales nucléaires dans le réseau. Savoir que 50 000 ans après ma mort, il restera sur la terre des particules radioactives qui n'auraient pas été là si je n'avais pas laissé une lampe allumée inutilement ou si je n'avais pas repassé tel vêtement que j'aurais pu tout aussi bien porter fripé, m'incite à conseiller l'avarice en matière de consommation électrique. Dans le doute, mieux vaut considérer les déchets nucléaires comme hors de prix et leur vrai coût illimité !

Un plan d'ensemble qui fait appel aux correctifs personnels — niveau 1 — reste la solution préférable, et de loin. Toutefois, l'état d'urgence ne peut pas être écarté. Si ceux qui croient que l'ordre des choses est en train de se manifester ont raison et si des correctifs du niveau 3 à caractère irréversible sont déjà en marche, nous allons devoir appliquer efficacement des correctifs sociaux, du niveau 2, pour participer à la survie de la planète. Parce que les correctifs sociaux, en temps de crise, passent obligatoirement par la taxation, presque tous les ténors de l'environnement suggèrent de taxer l'énergie pour nous rendre plus raisonnables. Leur formule présente deux inconvénients :

– Premièrement, elle concède aux gens un droit de polluer proportionnel à leur compte en banque, alors qu'il serait plus équitable d'attribuer l'énergie en quantité égale à chacun.
– Deuxièmement, tant qu'on imposera l'énergie finale sans tenir compte de toute l'énergie accaparée, la formule restera boîteuse.

Si l'on décide de taxer intelligemment, le système *TEA* pourrait servir de fondement à un outil adapté qui aurait pour nom Taxe sur l'Énergie Accaparée. La TPS canadienne, taxe sur les produits et services, est calquée sur la TVA européenne ; elle appartient à une ère révolue, car elle taxe la valeur ajoutée. Cela revient à mettre un spectacle de Lorraine Pintal dans le même panier que le papier d'aluminium qui sert à garnir les bouteilles de bière haut de gamme et qui est destiné à s'accumuler dans nos dépotoirs pour toute l'éternité — ou ce qu'il en reste. Taxer l'énergie accaparée ne vous semble-t-il pas moins farfelu et mieux répondre au besoin aigu qui se fait sentir de nous inspirer dans nos décisions d'une meilleure connaissance du monde tel qu'il existe et fonctionne ?

Diriger, c'est choisir, paraît-il. Mais entre la Terre et les humains, entre la Mère et l'enfant, nos leaders, tout mythomanes qu'ils soient, n'auront jamais le choix. Le dilemme ne se pose même pas. Sans Elle, nous ne sommes rien. Aussi bien apprendre à la connaître, à l'aimer et à la respecter.

Les Éditions Écosociété

De notre catalogue

Pour un pays sans armée

Ce n'est pas par la guerre qu'on arrivera à la paix

Collectif sous la direction de Serge Mongeau

Le Canada a-t-il vraiment besoin d'une armée pour assurer sa sécurité ? Dans l'hypothèse d'un Québec souverain, le nouveau pays aura-t-il besoin de se doter d'une armée ?

Les signataires de l'*Appel au bon sens*, rendu public à l'automne 1992, répondent par la négative à ces interrogations, et demandent tant aux Québécois qu'aux Canadiens de faire preuve de réalisme, d'imagination et de courage en relevant ce grans défi des temps nouveaux : bâtir un pays non militarisé. Ils proposent d'assurer la sécurité nationale par d'autres voies, notamment par une défense civile efficace et moderne, étant entendu qu'un pays sans armée ne signifie pas un pays sans défense.

Ce livre comprend les éléments suivants :

- le texte de l'Appel ;
- des chapitres sur :
  - la défense civile non violente,
  - les fondements de la sécurité d'un pays,
  - le «problème» indien,
  - la tradition pacifiste québécoise,
  - les pays sans armée ;
- les points de vue de plusieurs signataires de l'appel.

Paru en février 1993

Prix : 14,95 $

192 pages

ISBN 2-921561-00-X

Une société à refaire

De la pensée écologique à la révolution sociale

Murray Bookchin

LE PROPOS de cet ouvrage est d'examiner les facteurs sociaux qui ont conduit à la crise écologique actuelle, la plus grave sans doute de toute l'histoire de l'humanité. Bookchin démontre que les mêmes facteurs qui engendrent la violence, les conflits sociaux et les dominations de toutes sortes sont à l'origine des déséquilibres environnementaux qui aujourd'hui menacent la survie de la planète et l'espèce humaine elle-même. L'exploitation « dénaturée » des ressources est liée à l'ordre social.

L'auteur en conclut que pour résoudre cette crise, il ne s'agit pas uniquement de diminuer les émanations toxiques, de consommer moins de papier ou de brûler moins de pétrole, toutes choses qui s'imposent par ailleurs. Une solution en profondeur demande d'agir sur les causes, qui sont sociales. Nous sommes acculés, si nous voulons survivre, à la nécessité, non seulement d'améliorer notre modèle de société, mais de le *refaire*. Une pensée écologique critique et cohérente jouera le rôle historique de faire évoluer la pensée sociale qui en a bien besoin. Car celle-ci repose encore, ankylosée, sur les postulats socio-économiques édictés par Adam Smith voilà plus de 200 ans.

Bookchin propose l'édification d'une société écologique fondée sur une démocratie des communautés, contrôlée à la base par les citoyens plutôt que par des élites politiques, économiques ou militaires.

Murray Bookchin est l'un des pionniers du mouvement écologiste américain. Il est l'auteur d'une dizaine d'essais, dont celui-ci fait la synthèse de ses 40 années de réflexion et d'action dans ce domaine.

Date de parution : mai 1993

Prix : 19,95 $

224 pages

ISBN 2-921561-02-6

Achevé d'imprimer
en avril 1993 sur les presses
des Ateliers Graphiques Marc Veilleux Inc.
Cap-Saint-Ignace, Québec